SOCIÉTÉ DE L'UNION DES POÈTES.

LES CONTES
ENFANTINS

PAR ÉMILE RICHEBOURG

SECRÉTAIRE DE LA SOCIÉTÉ DE L'UNION DES POÈTES,
VICE-PRÉSIDENT DE L'ACADÉMIE UNIVERSELLE DES ARTS ET MANUFACTURES
DE PARIS (CLASSE DES BELLES-LETTRES),
MEMBRE HONORAIRE DE LA SOCIÉTÉ IMPÉRIALE DES ARCHIVISTES
DE FRANCE, ETC.

Sinite parvulos ad me venire.
ÉV. SAINT JEAN

De la fleur protégez l'enfance,
Dirigez son adolescence,
Un jour elle rendra tous les bienfaits reçus.
PARNY

PARIS

C. VANIER, ÉDITEUR,
LIBRAIRE DE L'UNION DES POÈTES
12, rue d'Enghien.

RIGAUD, LIBRAIRE
ÉDITEUR DU PARADIS PERDU
30, rue Sainte-Anne.

MARSEILLE
LIBRAIRIE PROVENÇALE DE V. BOY, BOULEVART DUGOMMIER, 1.

1857

LES

CONTES ENFANTINS.

PARIS. — TYPOGRAPHIE D'ÉMILE ALLARD,
14 , rue d'Enghien.

LES CONTES

ENFANTINS

PAR ÉMILE RICHEBOURG

SECRÉTAIRE DE LA SOCIÉTÉ DE L'UNION DES POÈTES,
VICE-PRÉSIDENT DE L'ACADÉMIE UNIVERSELLE DES ARTS ET MANUFACTURES
DE PARIS (CLASSE DES BELLES-LETTRES),
MEMBRE HONORAIRE DE LA SOCIÉTÉ IMPÉRIALE DES ARCHIVISTES
DE FRANCE, ETC.

Sinite parvulos ad me venire.
ÉV. SAINT JEAN.

De la fleur protégez l'enfance,
Dirigez son adolescence,
Un jour elle rendra tous les bienfaits reçus.
PARNY.

PARIS

C. VANIER, ÉDITEUR,
LIBRAIRE DE L'UNION DES POÈTES
12, rue d'Enghien.

RIGAUD, LIBRAIRE
ÉDITEUR DU PARADIS PERDU
50, rue Sainte-Anne.

MARSEILLE

LIBRAIRIE PROVENÇALE DE V. BOY, BOULEVART DUGOMMIER, 1.

1857

A M. Emile Richebourg,

HOMME DE LETTRES A PARIS.

Monsieur,

Vous avez cru devoir me consulter pour savoir si vous deviez ou non publier vos *Contes enfantins*, que j'ai lus avec beaucoup d'intérêt, et que j'ai l'honneur de vous renvoyer, en vous engageant à le faire sans retard ; car je ne doute nullement qu'ils ne soient bien reçus du public.

Que pourriez-vous craindre, en effet, dès que vous n'y êtes déterminé ni par des calculs d'intérêt, ni par des motifs d'amour-propre, et que votre but est simplement de faire un peu de bien, en cherchant, autant qu'il est en vous, à prémunir le jeune âge, si digne de respect et d'égard, contre les funestes impressions, les dangers sérieux et les luttes redoutables qui l'attendent de près ou de loin dans la vie !

1

N'aurez-vous donc pas, pour vous soutenir et vous encourager dans une entreprise si louable, non seulement lés pères et les mères de famille vraiment dignes de ce nom, mais de plus tous les hommes de bien, quand ils sauront que vous avez écrit, tout exprès pour leurs enfants, des historiettes intéressantes qui ont d'ailleurs le mérite d'être simples et conséquemment tout à fait à leur portée !

Rien de plus propre, selon moi, à prévenir ou à atténuer les plus fâcheuses influences de publications toutes contraires, et qui ne tendent à rien moins qu'à saper la société par ses fondements, en étouffant dans les jeunes cœurs les principes de toute croyance religieuse, c'est-à-dire de toute morale.

Vous ne pouvez donc, Monsieur, en suivant cette voie, que rendre un grand service aux familles et bien mériter du pays.

Et quoi de plus utile à la société et de plus réellement méritoire que de travailler avec succès, par l'attrait du plaisir le plus pur et le plus innocent, à former le cœur et l'esprit de la jeunesse, et de contribuer ainsi à lui faire aimer le bien et à développer en elle l'amour de la vertu ! Car, remarquez que cet amour du bien et du juste existe primitivement dans tous les cœurs honnêtes, et qu'il ne s'y affaiblit et ne s'y éteint que par l'effet de mauvais conseils, ou, qui pis est, des mauvais exemples. Heureux les enfants chez qui le vice, ce terrible ennemi du genre humain, trouve la place prise par l'amour de l'honnêteté et le sentiment du devoir, quand il se présente pour les séduire par l'entraînement des plaisirs coupables !

Au surplus, à quelle époque un pareil travail fut-il jamais plus nécessaire, et qu'attendriez-vous pour offrir aux familles le fruit de vos veilles et le résultat de vos convictions, lorsqu'elles voient avec inquiétude tant d'écrivains profaner des talents remarquables, en les employant sans pudeur à propager des principes pernicieux et subversifs de tout ordre et de toute société !

La faveur inconcevable avec laquelle sont accueillis en général de tels ouvrages, et les succès scandaleux qu'ils obtiennent, ne donneraient-ils pas lieu de croire que les hommes de notre temps, oubliant leur céleste origine aussi bien que leur glorieuse destinée, semblent borner leur ambition à se procurer ici-bas, mais à tout prix, le bien-être matériel, qu'ils regardent apparemment comme le suprême bonheur. Peuvent-ils donc ignorer qu'un tel bien-être, le plus souvent éphémère, et toujours insuffisant, a perdu toute sa valeur réelle s'il n'est accompagné de notre propre estime et de celle de nos concitoyens.

Heureusement pour la société, si gravement menacée par la honteuse réussite de ces coupables spéculations, il existe encore assez de cœurs droits et d'esprits sensés pour contrebalancer des tendances si dangereuses. Mais, si les hommes pervers sont audacieux, les hommes de bien sont timides, du moins en général ; c'est donc, pour les écrivains consciencieux, une obligation de leur venir en aide par la publication d'écrits moins brillants d'esprit et de style, mais incomparablement plus forts de raison et plus empreints de vérité.

Que de tels écrits soient du moins une utile protestation contre les odieux principes qu'ils s'efforcent de faire prévaloir, et un antidote salutaire contre les subtiles poisons répandus avec profusion par ces charlatans littéraires qui n'ont même pas pour eux l'excuse de la conviction, et qui ne voient dans la représentation d'une pièce de théâtre ou la publication d'un livre, que le profit qu'ils en doivent retirer, sans s'inquiéter le moins du monde des suites désastreuses qu'elles peuvent avoir dans le présent et dans l'avenir.

Cela étant, Monsieur, que rien ne vous arrête plus et suivez sans balancer l'adage de nos pères :

Fais ce que dois, advienne que pourra.

Veuillez agréer, Monsieur, la nouvelle assurance de tous mes sentiments d'estime et de juste considération.

F. DE LACOMBE,
Officier de l'Université.

Paris, le 24 mars 1857.

A MA MÈRE.

Dès que je sus aimer, je t'aimai, bonne mère,
    Et je vécus pour toi.
Heureux par ton amour, dans cette vie amère
    Tout est rose pour moi.

Je puise mes pensers dans ton âme si pure;
    Ton bonheur fait le mien !
Ma mère, à tes vertus tu soumis ma nature,
    Merci pour tant de bien.

Par toi seule inspiré, j'écrivis pour l'enfance
    Ce livre en ton honneur.
Accepte-le : tribut de ma reconnaissance,
    Il révèle ton cœur.

Émile RICHEBOURG.

CONTES ENFANTINS.

LA PLUME DU GÉNIE.

Vers l'an 1636, naquit à Florence, ville d'Italie, d'un pauvre meunier, un enfant dont l'existence devait appartenir au monde.

Au moment de sa naissance, on vit le ciel s'entr'ouvrir et livrer passage à un génie porté par un beau nuage d'or. Il descendit rapidement vers la terre, plana un instant sur Florence, et s'abattit enfin dans la maison du meunier, près du berceau du nouveau-né.

Sa figure était brillante de jeunesse et de beauté; sa tête était entourée d'un nimbe, dont les rayons répandaient une vive lumière. Il

était couvert d'une robe blanche, et ses longues
ailes étendues étaient également d'une blancheur éblouissante. Il tenait dans ses bras une
lyre d'ivoire, dont les cordes d'or rendaient
des accords harmonieux. Il se pencha sur le
berceau, considéra un instant la belle tête de
l'enfant, et y lut sans doute un avenir de gloire,
car sa figure sérieuse devint souriante ; puis,
après l'avoir touché de son aile protectrice, il
remonta sur le nuage et reprit aussitôt son vol
vers les cieux.

Les parents de l'enfant furent très étonnés
en voyant ce que je viens de raconter ; ils pen-
sèrent que leur fils serait heureux un jour,
puisqu'il avait la protection d'un puissant
génie.

Mais quel était donc ce génie ? se demandent
mes jeunes lecteurs.

L'enfant ne tarda pas à le révéler. En effet,
dès l'âge le plus tendre, il montra un goût
étonnant pour la musique. Les moindres sons
tirés d'un instrument quelconque le faisaient
tressaillir de plaisir. On sut bientôt, à n'en pas
douter, que le génie protecteur de cet enfant
était le génie de la musique.

Il avait à peine huit ans que déjà il jouait du violon avec une rare habileté ; il faisait présager ce qu'il fut un jour.

Il aimait beaucoup la campagne. Chaque jour il s'y promenait pendant quelques heures, livré à de profondes méditations.

Il pouvait avoir environ treize ans, lorsque, se promenant un soir dans un petit bosquet, aux portes de la ville, il rencontra un étranger richement vêtu, qui semblait le regarder avec avec une grande attention.

C'était un Français de la plus haute noblesse. Une princesse française l'avait chargé de lui amener d'Italie un enfant beau et intelligent, promettant de lui faire un sort heureux près d'elle. Malgré la singularité de la demande, le seigneur français, en galant chevalier, avait promis à la princesse de lui en présenter un à son retour. Il était sur le point de revenir en France, et il pensait au moyen de remplir sa promesse, lorsque le petit musicien, dont il avait beaucoup entendu parler, parut devant lui. Sa jolie figure, ses yeux vifs et brillants, et surtout son air intelligent, le frappèrent ; c'était bien l'enfant qu'il désirait pour la prin-

1.

cesse. Mais il fallait le décider à le suivre, et il l'aborda aussitôt.

— Serais-tu bien content de voyager, mon ami? lui dit-il avec un sourire doux et gracieux.

— Je l'ignore, Monsieur, répondit l'enfant avec naïveté, mais hardiment; je n'ai jamais eu ce désir.

— Tu verrais beaucoup de grandes villes.

— Tous les pays ressemblent à Florence et à ses environs, pourquoi désirerais-je en voir d'autres?

— Viens avec moi, tu seras riche et je te ferai habiller magnifiquement.

— Mon père me dit chaque jour que les richesses ne donnent pas le bonheur, et que le mérite se trouve aussi bien sous l'habit grossier de l'artisan que sous la pourpre des grands.

— Tu habiteras un beau palais.

— Je suis heureux sous l'humble toit de mon père, et je ne désire point habiter ces beaux palais où brillent l'or et le marbre.

— En France, dans la grande ville de Paris que j'habite, tu auras de nombreux et joyeux amis; tu partageras leurs fêtes et leurs plaisirs. Viens avec moi.

— Merci, Monsieur, ces joyeux amis ne pourraient me tenir lieu de mon bon père et de ma tendre mère.

— Crois-moi, enfant, quitte ces lieux où tu vis dans l'obscurité. Viens avec moi, je te promets la gloire et la fortune.

— Dieu me garde de l'ambition; je ne cherche ni la gloire ni la fortune, car je sais tout ce qu'il faut sacrifier pour les obtenir. Non, Monsieur, je préfère ma vie obscure et paisible à tous les trésors du monde.

— Charmant enfant, tes discours m'enchantent. Mais tu t'abuses; bientôt tu auras une autre idée des plaisirs que je te promets. Près de moi, rien ne te manquera; nous avons de grands théâtres où l'on joue de belles comédies. A Paris, tu verras les premiers musiciens du monde.

— Les spectacles ne manquent point ici. Voyez, autour de nous, ces campagnes couvertes de fleurs, ces grands bois sombres, ces petits ruisseaux qui murmurent en courant dans nos vertes prairies. N'avons-nous pas le

plus beau ciel bleu, parsemé d'étoiles, le chant
du rossignol et de la fauvette qui, chaque matin, m'annoncent l'heure du réveil? Non, Monsieur, je ne veux point quitter ma mère pour
aller vivre dans votre monde.

— Aimable enfant, tu réfléchiras à ma proposition et tu te décideras quand tu auras bien
compris que mon seul désir est de t'être utile.
Je te reverrai bientôt, pour t'emmener avec
moi, je l'espère.

En achevant ces paroles, le Français s'éloigna du jeune musicien, qui reprit aussitôt le
chemin de la maison de ses parents.

Sans leur parler de sa rencontre, il se retira
dans sa petite chambre et se coucha bientôt.
Mais son agitation était telle, qu'il ne put s'endormir. Malgré sa sagesse, ses goûts simples
et son peu d'ambition, il était comme étourdi
en pensant qu'il pouvait, en suivant le seigneur français, devenir riche, très riche, et
trouver une place parmi les grands compo-
siteurs; car notre petit musicien, sentant en
lui son génie protecteur qui l'animait, voyait
très bien ce qu'il pourrait devenir un jour.
Quel est l'enfant de son âge qui n'eût pas été

enchanté de la proposition du noble seigneur?

Longtemps avant l'aube matinale il avait quitté sa chambre, où il n'avait pu trouver le sommeil. Il se dirigea vers la campagne. Les prés étaient couverts d'une blanche rosée, et des fleurs odoriférantes qui s'épanouissaient lentement, s'échappaient les plus délicieux parfums; un ruisseau d'eau vive argentée promenait son onde incertaine dans la prairie; un léger zéphir, glissant doucement à travers le feuillage des bois, chuchotait mystérieusement; enfin, le gazouillement de quelques oiseaux qui reposaient sur leurs nids, ajoutait encore à la beauté de ces lieux enchantés.

Le petit musicien se sentit transporté d'admiration devant ces marques si éclatantes de la grandeur de Dieu, et se livrait à une douce rêverie, méditant un chef-d'œuvre qu'il nous donna plus tard, lorsque tout à coup il entendit tout près de lui une musique harmonieuse et qui avait quelque chose de divin. A cet instant apparut à ses yeux le même génie qui, le jour de sa naissance, descendit près de son berceau.

— Depuis ta naissance, je veille sur toi, lui

dit le génie; tu auras un jour une grande renommée, et il n'est pas en ton pouvoir d'empêcher ce qui est écrit au ciel. Tu suivras le
chevalier de Guise en France; il te présentera
à une grande princesse qui depuis longtemps
désire avoir près d'elle un jeune Italien. Cet
Italien, c'est toi. Apprête-toi donc à quitter
Florence.

— Que ce qui est écrit s'accomplisse! s'écria
le jeune artiste; j'irai en France.

Alors, le Génie agita ses blanches ailes, et
il s'en détacha une plume qu'il donna à l'enfant,
avec ordre de ne s'en séparer jamais; puis,
s'étant entouré d'un nuage, il disparut.

Le lendemain, le seigneur de Guise quitta
Florence, emmenant le petit musicien, qui
avait eu beaucoup de peine à se séparer de ses
parents, et qui serait resté, sans doute, sans
l'ordre formel du Génie.

Arrivé en France, il fut présenté à la princesse. Mais on n'obtient pas aussi vite les
faveurs de la fortune. Il est de terribles épreuves que nous devons tous subir. Par un caprice
de la noble dame, le petit Florentin ne lui
plut pas du tout; sa figure lui sembla trop

laide, et, au lieu de remplir la promesse qu'elle lui avait faite par le seigneur de Guise, elle le plaça dans ses cuisines, parmi les marmitons.

Voyez-vous notre jeune ami, qui sent en lui la divine inspiration de son génie, obligé de tourner la broche et de plumer des volailles! Il dut sans doute se livrer à d'amères réflexions sur le peu de foi qu'on doit avoir dans les promesses des hommes. Cependant, sa position lui parut supportable. N'avait-il pas son violon!...

La plume du Génie possédait une merveilleuse vertu.

A peine l'avait-on regardée, qu'on éprouvait aussitôt le besoin invincible de chanter, et chaque fois que le jeune musicien-marmiton la regardait, il se sentait entraîné vers son cher violon, et exécutait de beaux airs qu'il improvisait à l'instant même. Oubliant souvent ce qui lui était commandé devant la précieuse plume, il composait au milieu des rôtis et des ragoûts ; on dit même que, pour l'écouter, les broches cessaient de tourner, et que le feu s'éteignait dans les fourneaux. Ce qui est certain, c'est que cuisiniers et marmitons n'a-

vaient pas plutôt jeté les yeux sur la plume du
génie, qu'ils se mettaient à chanter les airs du
musicien, que celui-ci accompagnait sur son
violon.

Cependant, son Génie ne l'abandonnait pas ;
il le laissa quelque temps dans les cuisines,
pour lui faire sentir que, dans le monde, les
hommes, avant d'arriver au but de leurs désirs,
ont à combattre bien des obstacles, à surmonter de nombreuses difficultés.

Mais le moment était enfin arrivé où le jeune
artiste allait se faire remarquer.

Un jour qu'il faisait de la musique dans les
jardins de la princesse, celle-ci, qui s'y promenait avec plusieurs dames, l'ayant entendu,
et craignant de l'effrayer, se cacha avec sa
compagnie dans un massif de framboisiers,
pour l'écouter sans être vue.

En ce moment, le Génie de la musique
parut dans les airs, se balança pendant quelques instants au-dessus de la tête du musicien,
et lui inspira un chef-d'œuvre qu'il exécuta
avec une habileté sans égale.

La princesse et ses compagnes sortirent
alors de leur cachette et vinrent féliciter le

petit marmiton, confus d'avoir été entendu.

Il avait été compris par la princesse; elle ne douta point qu'il fût appelé à un brillant avenir ; elle le fit sortir des cuisines et le reçut au nombre de ses pages.

La plume du Génie ne cessa pas de produire les plus merveilleux effets. De même que les cuisiniers et les marmitons, tous les pages chantèrent, et le petit musicien composait toujours.

Plusieurs de ses airs, qui devinrent très-populaires, et parmi lesquels se trouve celui composé sur ces paroles, que nous avons tous chantées ou entendu chanter :

Au clair de la lune,
Mon ami Pierrot,
Prête-moi ta plume
Pour écrire un mot;
Ma chandelle est morte,
Je n'ai plus de feu,
Ouvre-moi ta porte
Pour l'amour de Dieu.

ses airs, dis-je, furent chantés devant le roi de France, qui aimait beaucoup la musique. Il désira voir l'auteur.

Celui-ci lui fut présenté et fit voir tant de

talent, que le roi, qui savait apprécier le mérite des hommes, résolut de se l'attacher.

Les musiciens de la Cour étaient au complet;
mais cet obstacle ne pouvait entraver la fortune
de notre héros. Le roi créa exprès une place
pour le jeune Florentin.

Il fut nommé directeur d'une nouvelle troupe
de musiciens, qui prirent le nom de *Petits-
Violons*, et qui acquirent bientôt, grâce à la
plume du Génie, une grande supériorité sur les
musiciens du roi, qui portaient le titre de
Grands-Violons.

Enfin, le fils du meunier de Florence, le
petit musicien-marmiton, le page de Mademoiselle de Montpensier, qui composa les premiers
opéras qui ont été joués en France, qui devint
le surintendant de la musique de Louis XIV,
et qui s'est acquis un nom immortel dans l'histoire de la musique, c'est LULLI.

Il mourut à Paris, à l'âge de cinquante-
quatre ans, après avoir fermé les yeux à ses
bons parents, qu'il avait fait venir en France,
où ils vécurent très heureux, près de lui, sous
la protection de son génie.

LE GÉANT LONGS-BRAS.

I

Les Francs, peuples barbares du nord de l'Europe, avaient pénétré dans les Gaules et envahi toutes les belles contrées que baigne la Seine. D'autres peuplades barbares vinrent aussi, à différentes époques, disputer aux Francs la possession de ce beau pays; mais elles furent détruites les unes après les autres, et les Francs restèrent seuls maîtres de la Gaule.

C'était sous le règne du troisième chef des
Francs, Mérovée, ce vaillant prince qui donna
son nom à la première race de nos rois, et qui,
aidé par Aétius, général romain ; Théodoric,
roi des Visigoths, et Gondicaire, roi des Bour-
guignons, détruisit entièrement, dans les plai-
nes catalauniques qui se trouvent entre Châ-
lons et Troyes, l'armée du fameux Attila, roi
des Huns, qui voulait faire de la Gaule une
vaste mer de sang.

Délivré de ses ennemis, Mérovée se livrait à
son goût passionné pour la chasse. Dès que le
jour paraissait, la trompette appelait les chevaliers autour du roi, et la chasse commençait.

Un jour, s'étant éloigné de sa suite en pour-
suivant un magnifique dix cors, il se trouva
tout à coup dans un complet isolement. Ne
sachant comment retrouver son chemin, il
prêta l'oreille afin d'entendre le son du cor, qui
pouvait l'orienter ; mais le cor cessait de jeter
dans l'air ses notes éclatantes.

Après avoir erré quelque temps à l'aventure,
le roi ayant découvert la cabane d'un charbonnier, y entra, et y fut reçu avec beaucoup
d'empressement. L'intérieur de la hutte avait

un aspect très misérable, le charbonnier n'était pas riche, en effet; sa seule fortune était cinq beaux enfants qui peut-être n'avaient pas tous les jours du pain à manger.

L'aîné avait une figure charmante, et ses yeux exprimaient tant d'intelligence que le roi en fut étonné.

Il s'appelait Colmir; il n'était pas, comme la plupart des petits garçons de son âge, honteux et craintif devant les étrangers.

Le roi était habillé magnifiquement, plusieurs armes étincelantes pendaient à sa ceinture; cependant, le petit Colmir vint s'asseoir familièrement sur ses genoux; et le prince, charmé de ses grâces enfantines, lui fit mille caresses.

Enfin, l'enfant lui plut tellement, qu'il le demanda à ses parents pour le faire élever à sa cour.

Ils ne voulurent d'abord pas y consentir; car c'est un bien grand sacrifice pour des parents de se séparer d'un enfant bien-aimé. Mais, réfléchissant qu'il n'était pas heureux près d'eux, qu'à la cour il serait dans l'abondance et qu'il pourrait faire du bien à ses frères, ils n'hésitèrent plus et cédèrent aux vives instances de son illustre protecteur.

Cependant, la suite du roi, qui était à sa recherche, ayant vu son cheval à la porte de la cabane, l'avait entourée pour attendre les ordres de son chef. Bientôt le roi parut portant le jeune Colmir dans ses bras. Sur un signe qu'il fit à sa troupe, tout le monde fut à son poste; les trompettes sonnèrent de joyeuses fanfares, et l'on reprit au galop le chemin du château royal.

II

Colmir fut élevé à la cour aussi doucement et avec autant de soins qu'un prince; chaque jour le roi, qui l'aimait beaucoup, découvrait en lui de nouvelles qualités. Il était sensible et bon pour tout le monde. Ses manières étaient polies et gracieuses. Il ne pouvait souffrir les injustices et prenait toujours le parti du faible contre le plus fort. Il était l'enfant gâté de tous les seigneurs de la cour.

Les vieux chevaliers à la barbe blanchie sous les armes lui racontaient gravement leurs anciens exploits ou lui chantaient les ballades des vieux bardes gaulois.

Colmir se plaisait avec ces braves; il les écoutait avec une attention religieuse, et ceux-ci, heureux et fiers de fixer l'attention du charmant enfant, le considéraient comme un grand personnage.

A quatorze ans, Colmir était le page le plus beau, le plus adroit de la cour de Mérovée.

Il excellait dans l'art de manier les armes de toutes sortes, et chacun se plaisait à dire qu'il serait un jour un valeureux chevalier.

On lui avait déjà permis de rompre une lance dans un tournoi; seulement, il ne pouvait paraître dans aucun combat. Il n'était pas encore armé chevalier, et il attendait avec impatience le jour où il recevrait cet honneur.

Mais le roi le trouvait beaucoup trop jeune et voulait qu'il se familliarisât longtemps avec les armes avant d'en faire un autre usage que celui de servir à ses amusements.

Il existait, dans une contrée voisine du pays occupé par les Francs, un affreux géant, l'effroi de tous les environs.

Il avait au moins huit pieds de haut; ses

cheveux, longs et rudes, étaient d'un rouge
ardent, et se hérissaient lorsqu'il entrait dans
ses fureurs, comme la crinière d'un lion. Son
regard farouche semblait toujours chercher
quelqu'un pour assouvir sa soif de sang et de
meurtre. Il portait des habits magnifiques,
brillant d'or et de pierreries, mais avec si peu
de grâce, qu'ils faisaient encore mieux ressor-
tir sa laideur.

Ses bras étaient d'une force si extraordinaire, que, sans efforts, il pouvait renverser le
plus solide cavalier, et se faisaient tellement
remarquer par leur longueur, qu'on l'avait
surnommé le *Géant Longs-Bras*.

Enfin, chez ce monstre hideux, le moral
répondait au physique : il ne vivait que pour
faire le mal; il était continuellement plongé
dans l'ivresse, et, dans cet état dégradant, il se
livrait à toutes les abominations que lui suggé-
rait son cœur dépravé.

Il habitait un château-fort au milieu d'une
immense forêt; c'est là qu'il renfermait tous
les chevaliers qui tombaient entre ses mains.
On ne saurait raconter ce que souffraient ces
malheureuses victimes. Souvent il les laissait

mourir de faim ou les égorgeait lui-même sans pitié, pour se donner le plaisir de les voir souffrir.

Mérovée convoqua un grand nombre de ses barons pour aller combattre le Géant. A cet appel, plusieurs guerriers allèrent l'attaquer dans son repaire ; mais ils furent tous vaincus. Pendant plusieurs mois, tous ceux qui osèrent marcher contre lui eurent le même sort ; beaucoup ne revinrent pas ; le Géant les emportait dans son château, d'où nul homme n'était jamais sorti après y être entré.

III

Toutes les histoires racontées sur ce redoutable Géant avaient exalté l'imagination de Colmir. Il résolut de l'aller combattre.

Il revêtit les armes d'un jeune chevalier de ses amis et se mit en route un matin, au premier chant du coq.

La journée touchait à sa fin lorsqu'il pénétra dans la forêt au milieu de laquelle se trouvait le château du Géant.

A peine s'était-il enfoncé dans l'épaisseur

du bois qu'une voix forte lui cria : Défends-
toi, hardi chevalier, ou tu es mort.

Colmir leva les yeux et vit venir à lui un
chevalier monté sur un cheval blanc comme
la neige et portant des armes rouges étincelantes comme le feu.

La visière de son casque baissée et la lance
en arrêt, il arrivait sur lui de toute la vitesse
de son cheval.

Colmir ne se déconcerta point ; il n'avait
pas de temps à perdre. Il prit sa lance, s'affer-
mit sur ses étriers, pressa les flancs de son
coursier et partit au galop.

La rencontre fut terrible ; Colmir brisa sa
lance sur le bouclier d'acier poli de son ennemi, sans avoir pu l'ébranler, tandis que celui-
ci, sans même rompre sa lance, lui fit vider
les arçons. Notre héros roula dans la poussière
étourdi par le coup.

Revenu à lui, le jeune champion se releva et
tira son épée ; mais le chevalier aux armes de
feu disparut aussitôt dans la profondeur de la
forêt.

Colmir, très-étonné de cette retraite mystérieuse et brisé par la chute qu'il venait de

faire, s'étendit au pied d'un chêne sur une épaisse touffe de gazon, et dormit profondément jusqu'au lendemain.

À son réveil, il ne retrouva plus ni son cheval ni ses armes ; mais à leur place brillaient les armes de feu du chevalier qui l'avait attaqué la veille et son beau cheval blanc qui hennissait d'impatience. Sur le bouclier étaient écrits ces mots en lettres d'or : *Au vaillant chevalier Colmir de France.*

Colmir, surpris et charmé de ce présent magnifique, attacha l'épée à son côté, s'élança sur le cheval et se dirigea rapidement vers le château du Géant.

Nul être vivant n'apparaissait dans ce sombre séjour.

Le silence du lieu n'était troublé que par les cris lugubres d'une bande d'oiseaux de nuit, dignes compagnons du Géant.

Colmir saisit un cor pendu à la porte d'entrée et en sonna bruyamment.

Le Géant parut presque aussitôt.

— Que me veux-tu, dit-il, en regardant Colmir avec dédain ?

— Je veux, ô chevalier félon ! combattre

contre toi et te punir de tous tes crimes.

— Tu es bien jeune pour avoir autant de
jactance, dit le Géant, commençant à s'échauf-
fer. Qui t'a envoyé?

—Je suis venu de moi-même, conduit par la
main de Dieu, répondit Colmir.

Le Géant rit horriblement.

— Dieu, s'il y en a un, dit-il, ne s'occupe
ni de toi ni de moi. Je suis dans mon bon jour,
sans cela je t'aurais déjà donné à manger aux
hiboux de mon château ; mais je ne veux pas
d'une indigne victoire. Va, mon enfant, va rejoindre ta mère.

— Rappelle-toi que David a terrassé Goliath.

Le Géant poussa un nouvel éclat de rire sar-
donique.

Le rouge était monté au front de Colmir.

— Tu crains de combattre contre moi, dit-
il, car tu as peur de mourir; tu me traites en
enfant et tu me crains.

Le Géant, qu'un rien pouvait rendre féroce,
rugit comme un tigre blessé, se fit aussitôt re-
vêtir de ses armes, et, d'une voix semblable au
grondement du tonnerre, il ordonna à Colmir
de se préparer à mourir.

Sans se troubler devant l'horrible monstre qu'il avait à combattre, notre héros s'avança hardiment à sa rencontre. Leurs lances volèrent en éclats, et peu s'en fallut que le jeune Franc fût renversé et mis à mort, mais il se remit promptement en défense; le Géant accourait sur lui l'épée à la main.

Alors un combat terrible s'engagea. Le Géant était fort, sa rage faisait redouter ses coups. Colmir était courageux et adroit; le désir de purger la terre d'un monstre et de délivrer tant de victimes soutenait son ardeur.

Il savait adroitement profiter de toutes les fautes de son adversaire, et, saisissant un moment où le Géant, tenant son épée à deux mains venait sur lui pour l'accabler, il lui enfonça la sienne dans la gorge jusqu'à la garde. Le Géant poussa un hurlement affreux et roula sur la poussière, en vomissant des flots d'un sang noir empoisonné.

Colmir, le jeune chevalier, était vainqueur. Son premier soin fut de délivrer les prisonniers du château, parmi lesquels il reconnut plusieurs chevaliers de la cour de France.

La victoire de Colmir fut bientôt connue

2.

partout; et, pour reconnaître le service qu'il avait rendu à son pays et récompenser son brillant fait d'armes, le roi lui donna toutes les richesses du Géant et son domaine comme fief héréditaire, avec le titre de baron.

Colmir fut un des plus vaillants chevaliers français.

Ses parents vinrent habiter son château, où ils finirent paisiblement leurs jours.

LA PETITE FLEUR VERTE.

Il y avait, dans un village appelé Meuvy, bâti sur le bord d'une belle rivière qui arrose une immense et riche vallée, une famille, composée du mari, de sa femme et de leur fille unique, appelée Emérancie.

Ces bonnes gens étaient parfaitement heureux, car il se plaisaient dans leur position, et ne désiraient point des biens qui souvent ne garantissent de la misère que pour accabler de maux plus affreux encore.

Ils n'étaient cependant pas riches; une petite maisonnette blanche entourée d'arbres verts, un jardin produisant diverses sortes de fruits et quelques autres petites pièces de terre composaient toute leur fortune.

L'industrie les faisait vivre et éloignait la pauvreté du ménage. Le père était coutelier; il travaillait sans relâche, afin de pouvoir élever sa chère Émérancie et augmenter le modeste patrimoine qu'il devait lui laisser un jour.

C'est que ces bons parents aimaient bien leur charmante petite fille.

Et comment ne l'auraient-ils pas aimée!...

Jamais enfant ne sut aussi bien s'attirer et mériter l'affection de tous les cœurs! Elle n'avait pas d'autres volontés que celles de ses bons parents, et elle avait à peine six ans, que déjà elle comprenait tout le mal qu'ils se donnaient pour l'élever, et semblait par ses tendres caresses les remercier de leurs soins attentifs.

Elle était le modèle de toutes les petites filles; on ne la vit jamais pleurer lorsque sa maman voulait la débarbouiller ou la peigner; on n'avait pas besoin non plus de l'appeler plusieurs fois, le matin, pour lui faire quitter son lit; on l'avertissait que l'heure de se lever approchait, et aussitôt elle s'habillait, disait ses prières, embrassait son papa et sa maman et s'en allait gaîment en classe.

C'était bien beau pour une petite fille de l'âge d'Émérancie, et je connais plusieurs jeunes demoiselles plus âgées qu'elle et qui ne sont pas aussi sages.

Mais celles-là ne font pas la joie de leurs parents, elles ne cherchent point à leur donner de la satisfaction, peut-être même ne les aiment-elles point, puisqu'un enfant qui aime son père et sa mère ne fait rien sans avoir le désir de leur être agréable.

Il n'est point ici-bas d'éternelle félicité, et l'heureuse famille du coutelier devait en connaître la cruelle vérité.

Un soir que la bonne mère teillait du chanvre, assise sur le seuil de l'habitation, la poignée qu'elle tenait tomba tout à coup des ses mains, sa tête se pencha sur sa poitrine : la pauvre femme était frappée par un mal terrible, inconnu.

Émérancie ayant vu pâlir sa mère, s'était jetée à son cou en pleurant ; chose étrange, la mère resta insensible aux tendres baisers de son enfant ; la petite la crut fâchée contre elle et lui demanda pardon ; mais elle ne répondit point, et l'enfant se retira dans un coin et pleura.

Le lendemain, un grand changement s'était opéré dans la maison du coutelier. Les voisins n'entendirent plus ses joyeuses chansons, ni le bruit de son marteau résonner sur l'enclume.

Il gémissait près du lit de sa pauvre femme, devenue insensible à tout ce qui se passait autour d'elle ; sa petite fille, à genoux près de lui, priait et pleurait.

Le coutelier croyait sa femme atteinte seulement d'une légère indisposition ; mais les semaines, les mois s'écoulèrent, et elle restait toujours dans le même état ; elle ne souffrait pas physiquement, du moins elle le répétait chaque jour, mais elle n'avait plus ni force, ni courage, ni volonté.

On songea alors à consulter les médecins. Ils tentèrent quelques moyens de guérison, au hasard, mais sans aucun succès ; le caractère de la maladie mettant leur science en défaut, ils durent abandonner la malade.

Cependant, la gêne entrait au logis. Le coutelier ne travaillait plus de son état, ses outils se rouillaient au repos. Émérancie, qui n'avait que huit ans, n'était pas encore assez forte pour remplacer sa mère dans les soins du ménage, le coutelier dut y donner les siens, mais ce n'étaient plus ceux de la ménagère.

Pendant les premiers mois, tout alla assez bien ; on avait quelques épargnes et tout était en bon ordre, mais les économies furent bientôt dissipées ; la misère avançait à grands pas, et le ménage réclamait impérieusement la mère de famille.

Le brave coutelier, accablé de chagrin, n'était plus reconnaissable ; on lui aurait donné vingt ans de plus que son âge ; il devenait presque aussi insensible que sa pauvre femme, et la petite Émérancie, faible et délicate enfant, qui priait sans cesse la bonne Vierge de rendre la santé à sa maman, soutenait seule le courage abattu de son père, et versait dans le cœur de sa mère le baume si doux de l'espérance.

C'est qu'elle espérait elle-même et qu'elle était persuadée que le bonheur viendrait encore leur sourire

Comme elle était belle et touchante, cette

aimable petite fille, lorsque, matin et soir,
agenouillée près de son petit lit, son doux
visage tourné vers le ciel, ses petites mains
jointes sur sa poitrine et ses longs cheveux
blonds tombant en boucles soyeuses sur ses
épaules, elle demandait à Dieu la guérison de
sa mère!....

Si elle s'attristait de la voir sur son lit de
douleur, elle souffrait bien plus encore de ne
pouvoir la remplacer. Elle en aurait bien eu
le courage, si sa faiblesse n'eût été un obstacle
contre lequel venait se briser sa volonté.

Cinq ans s'étaient écoulés depuis que la
femme du coutelier était tombée dans ce misérable état, et l'on ne voyait pas le plus léger
changement dans sa position; seulement, on
conservait l'espoir, qui abandonne rarement les
malheureux.

Pauvre femme! combien dut-elle souffrir
d'être privée de tous les plaisirs qu'éprouve
une mère qui veille sans cesse sur une fille
chérie!....

Elle était presque continuellement dans son
lit; lorsqu'elle le quittait, c'était pour s'asseoir
dans un coin obscur, les bras accoudés sur ses

genoux, la figure cachée dans ses mains, et passer ainsi des heures entières dans une effrayante immobilité.

— Maman, lui dit un jour la petite Émérancie en l'embrassant avec amour, bientôt, j'en suis sûre, tu seras guérie.

La mère secoua tristement la tête.

— Je ne crois plus, dit-elle, que cela puisse arriver.

— Crois-moi, ô ma bonne mère! reprit l'enfant, c'est bien sûr.

— Et comment le sais-tu, mon enfant? demanda la mère.

— C'est pendant la nuit dernière, répondit-elle; pendant mon sommeil, j'entendis une voix si douce, si douce, qui me disait : Dors, petite Émérancie, dors!... bientôt tu recevras les caresses de ta tendre mère qui sera guérie; ton innocente jeunesse ne doit pas être privée plus longtemps de ses soins et de ses conseils.

J'étais bien heureuse, ajouta l'aimable enfant, en entendant ces paroles que la même voix douce murmura pendant toute la nuit à mes oreilles. Bien sûr, maman, bien sûr, tu seras bientôt guérie.

La mère prit sa fille dans ses bras et l'embrassa avec tendresse. Toutes deux versèrent des larmes d'espérance.

Peu de jours après cette conversation, Émérancie se trouvait dans un petit bosquet d'arbustes fleuris que son père avait plantés au fond du jardin, sur le bord de la rivière, lorsqu'elle vit devant elle, au milieu d'un nuage qui répandait une vive lumière, une femme de la plus remarquable beauté et vêtue magnifiquement; ses cheveux blonds étaient rangés en longs anneaux autour de son cou. Sur son front brillait une couronne d'émeraudes. Sa longue robe, d'un vert tendre, était légèrement serrée à la ceinture par une écharpe de même couleur, avec un étroit liséré nuancé d'or et d'azur; ses pieds délicats étaient chaussés de légers souliers de satin vert, et elle tenait dans sa main droite un rameau vert qui portait plusieurs petites fleurs également vertes; enfin, des vapeurs qui l'entouraient s'échappaient des éclairs multicolores brillants comme les rayons du soleil.

Émérancie eut peur et voulut s'éloigner; mais la belle dame la rappela doucement et

s'approcha d'elle en lui souriant avec bonté ;
puis, détachant une des petites fleurs de son
rameau, elle la lui donna, en lui disant :

Chère petite Émérancie, je vous aime, parce
que vous êtes sage, que vous avez un bon cœur,
et que vous aimez tendrement vos bons parents; je veux vous en donner une preuve aujourd'hui. Prenez cette fleur, et lorsque, tout
à l'heure, vous serez près de votre maman,
vous l'embrasserez, et surtout ne manquez pas
de lui faire en même temps respirer le parfum
de cette fleur.

Émérancie, tout à fait rassurée, voulut parler à la belle dame ; mais elle disparut aussitôt
à ses yeux étonnés, en lui laissant la petite fleur
verte.

Elle s'empressa d'aller rejoindre ses parents,
afin d'exécuter les ordres qu'elle avait reçus.

Le coutelier et sa femme étaient assis l'un
près de l'autre ; ils ne se disaient rien, mais
leurs visages parlaient assez de leur douleur.

Émérancie s'approcha de sa mère, passa son
bras droit autour de son cou, et, tout en l'embrassant, promena de sa main gauche la petite
fleur autour de sa bouche.

La malade n'eut pas plutôt respiré l'odeur
de la fleur merveilleuse , qu'elle éternua trois
fois , puis promena ses regards autour d'elle
avec étonnement, poussa au profond soupir,
comme si elle sortait d'un long et pénible sommeil, et s'écria, en se jetant dans les bras de
son mari :

Je suis guérie !....

Le coutelier n'osait encore se livrer à la joie ;
il fallut qu'elle lui répétât plusieurs fois qu'elle
était bien guérie avant qu'il crût à tout son
bonheur.

Pendant ce temps, la petite Émérancie, à
genoux un peu plus loin, remerciait, dans son
cœur, la puissante dame qui lui avait donné la
mystérieuse fleur.

Après avoir reçu les caresses de ses heureux
parents, elle leur raconta ce qui lui était arrivé et leur montra la petite fleur verte qu'elle
tenait encore dans sa main, ce qui lui valut de
nouveaux et tendres baisers.

C'était trop d'émotions à la fois pour ces
braves gens ; la mère de famille guérie si merveilleusement et la joie d'avoir une aussi charmante fille, les rendaient fous de bonheur.

Dès lors, l'aisance et la gaîté revinrent dans la maisonnette ; l'épouse, économe et travailleuse, eut bientôt réparé les plus grands dommages et remis l'ordre partout.

Les voisins entendirent de nouveau les refrains joyeux du coutelier et son marteau résonner sur l'enclume.

Cependant, Émérancie aurait bien désiré, comme vous le désirez sans doute aussi, mes chers petits lecteurs, savoir quelle était la belle dame qui lui avait donné la petite fleur verte.

Elle n'attendit pas longtemps.

Un soir qu'elle se trouvait dans le bosquet avec ses parents, ils entendirent tout à coup un léger bruit, semblable à celui du vent jouant dans le feuillage, bien que la nature fût dans un calme parfait, et comme ils se regardaient avec étonnement, la dame verte parut devant eux brillante de beauté et vêtue aussi magnifiquement que la première fois, pourtant sa figure avait encore plus de douceur et son sourire plus de bonté.

De sa voix, douce comme l'harmonie, elle prononça ces paroles :

Heureux parents, jouissez de votre bonheur

et du contentement que vous doit toujours donner votre charmante petite fille. Je la prends
sous ma protection et je saurai lui adoucir
toutes les peines d'ici-bas.

Pendant cinq ans que la douleur a régné
parmi vous, elle a toujours eu confiance en
moi : elle en est récompensée. Adieu, ajouta-
t-elle, je vous quitte; je suis appelée ailleurs.

Qui donc êtes vous ? généreuse et puissante
dame, s'écria la mère d'Émérancie, en tombant à genoux et en joignant ses mains. Mais
elle avait déjà disparu au milieu d'un nuage
rempli de lumière qui montait rapidement vers
le ciel; seulement, on entendit un voix mé-
lodieuse répéter plusieurs fois :

JE SUIS L'ESPÉRANCE !

LE VIEUX MENDIANT.

I

L'hiver avait secoué son manteau de neige sur la terre, le vent froid du nord soufflait avec violence. Un vieillard, couvert de haillons, venait d'entrer dans la ville de Bayonne. Son corps faible et tremblant s'appuyait sur un gros bâton noueux qui soutenait sa marche chancelante. De temps en temps deux larmes s'échappaient de ses yeux, coulaient le long de ses joues, puis venaient se perdre dans sa longue barbe blanche, où elles se changeaient en frimas.

Il eût été difficile de découvrir le sujet de ses larmes, car bien que tout son extérieur annonçât l'extrême indigence, en l'examinant attentivement, on reconnaissait bientôt qu'il n'était pas un de ces malheureux qui vont chaque jour demander leur subsistance au nom de l'humanité.

Après une demi-heure de marche pénible au milieu des rues glacées de la ville, le vieillard s'arrêta devant un hôtel somptueux. Il en admira pendant quelques instants l'élégante architecture, puis, faisant comme un effort sur lui-même, il monta les escaliers d'un perron qui conduisait à l'entrée de cette demeure aristocratique, et tira une patte de chevreuil qui pendait près de la porte attachée à un fil de fer. Le son argentin d'une petite cloche se fit entendre. Le mendiant attendit. Un valet vint ouvrir. En apercevant le vieillard, il voulut aussitôt refermer la porte, mais celui-ci l'arrêta d'un geste impérieux.

— Nous ne faisons pas la charité, dit le valet, c'est encourager la paresse ; allez travailler pour gagner votre vie.

— Quand on est jeune et fort on travaille, répondit le vieillard ; mais à mon âge !...

— Que voulez-vous, reprit le valet, voulant de nouveau fermer la porte , j'exécute les ordres qui me sont donnés.

— Arrêtez ! dit le mendiant, entrant tout à fait dans la maison ; je veux parler à votre maître.

— A mon maître ! répéta le valet étonné.

— Oui, au fils du négociant Henriot, mort il y a cinq ans.

Le valet, intimidé par le ton impératif du mendiant, le conduisit, sans ajouter une parole, vers les appartements de son maître.

— Qui dois-je annoncer ? demanda-t-il au vieillard avant d'entrer.

— Melchior Henriot.

Le valet entra.

— Monsieur... et il hésita un instant avant d'achever... Melchior Henriot.

Le mendiant pénétra dans l'appartement du riche Henriot, qui s'était levé vivement au nom d'une personne portant les mêmes nom et prénom que lui. A la vue du pauvre homme, ses sourcils se rapprochèrent; ses lèvres se contractèrent visiblement, et il détourna la tête avec un mouvement de dégoût qui n'échappa point à celui-ci, qui semblait vouloir lire jusqu'aufond du cœur de l'homme riche.

— Que voulez-vous? lui demanda-t-il brusquement en se laissant tomber dans un fauteuil sans lui offrir un siége.

— Il y a longtemps, répondit le vieillard, que je suis éloigné de la France et que je vis à l'étranger; j'ai voulu revoir ma famille avant de mourir, et je suis revenu dans ma patrie.

— Vos affaires ne me regardent pas, dit le millionnaire avec indifférence. Il se sentait cependant troublé intérieurement; l'homme qui était devant lui et qu'il ne voulait pas reconnaître l'embarrassait.

— J'ai appris en arrivant, continua le vieillard, que mes deux frères étaient morts, l'un pauvre, laissant un fils pauvre comme lui, et l'autre riche, laissant un fils millionnaire; ce frère riche que j'ai perdu, c'était votre père.

La figure du riche prit subitement une épaisse teinte de pourpre; son corps frissonna, non sous l'émotion que cause la joie, mais par un sentiment tout opposé.

— Je ne vous connais pas, monsieur, dit-il enfin ; je n'ai jamais entendu parler de vous. Dans tous les cas, que me voulez-vous ?

Je vous avouerai, dit tristement le vieillard, que je suis sans ressources, et je suis venu...

— Je comprends, dit le riche insensible et égoïste, vous me saviez riche et vous êtes venu, à l'aide d'un nom emprunté, me demander des secours. Puis il ajouta, en tirant le cordon d'une sonnette : J'en suis fâché, monsieur, mais j'ai mes charges particulières, je ne puis rien faire pour vous.

En ce moment un domestique entra.

— Conduisez, lui dit-il, cet homme jusqu'à la porte, et que désormais on ne laisse jamais pénétrer ici de pareilles gens. Le vieillard rougit d'indignation ; il fit un pas vers la porte de l'appartement, puis, se tournant vers son neveu, il lui dit, en le regardant sévèrement : Monsieur, ce ne sont point là les leçons que vous a données votre père : *Qui ne sait pas soulager la misère, mérite d'en être un jour accablé.* C'est en vain que vous voulez me méconnaître.

Un homme vous a donné son nom sur les fonts
de baptême; cet homme, c'est moi, et vous
me chassez honteusement. En achevant ces
paroles, le vieillard quitta l'appartement et
sortit de l'hôtel. Son cœur était oppressé, ses
jambes tremblaient sous son corps glacé; il ne
put marcher. Alors il s'assit sur une pierre, à
la porte même de la maison qu'il venait de
quitter; sa tête se pencha sur sa poitrine, et il
versa d'abondantes larmes.

II

Dans un des quartiers les plus délabrés de
la ville, au milieu d'une rue étroite et sombre,
se trouvait une maison, ou plutôt une cabane
en planches, dont le misérable aspect inspirait
la pitié. Cette cabane était habitée par Adolphe
Henriot, le cousin du riche Henriot que nous
connaissons déjà.

Adolphe avait été élevé chez son oncle, où il
avait appris le commerce, et qui l'avait ensuite
employé dans ses bureaux en lui donnant de
fort bons appointements; il s'était marié et
vivait très heureux, entouré de l'affection de sa

famille, lorsque la mort de son oncle vint lui enlever sa tranquillité.

Son cousin, maître d'une fortune immense, quitta le commerce et remercia honnêtement ses employés et Adolphe avec eux, en l'engageant à se procurer un autre emploi, et en lui annonçant que toutes relations allaient cesser entre eux.

Le jeune homme fut blessé de ce procédé, mais il connaissait son cousin ; il lui répondit noblement et se retira.

Il trouva assez facilement à se placer ; mais ses appointements étaient si faibles, qu'il se vit obligé de prendre un autre logement beaucoup moins cher, afin de pouvoir subvenir aux besoins de sa femme et de ses enfants. Malgré tout, il se trouva gêné plusieurs fois.

Un jour il se hasarda à aller trouver son cousin pour lui demander quelques secours, même à titre d'emprunt ; mais il fut froidement éconduit sans rien obtenir. Sa femme et sa petite fille avaient également tenté de toucher le cœur du mauvais parent, mais sans plus de succès ; ce cœur était de marbre : la douleur

ne pouvait l'attendrir ; aucun bon sentiment
n'y trouvait accès.

Adolphe se résigna à souffrir. Il avait pu
lutter jusqu'à l'époque où commence ce récit,
mais l'hiver était rude et l'on manquait de
bois ; il avait été malade deux mois entiers,
temps bien long ; le terme de la cabane qu'il
louait n'était pas payé ; le propriétaire menaçait
de renvoyer le mauvais locataire, et l'on n'a-
vait pas d'argent.

Adolphe, assis dans un coin de la chambre
qu'il habitait, où le vent froid du nord péné-
trait en sifflant à travers les planches mal
jointes, considérait avec désespoir sa femme
qui réchauffait son jeune fils sur son sein,
tandis que sa fille aînée, charmante enfant de
douze ans, essuyait avec un mouchoir les larmes
qui perlaient sur les joues de la pauvre mère.

— Il est mieux maintenant, il a chaud, s'é-
cria la mère en couvrant le petit garçon de caresses.

— Chère Honorine ! murmura Adolphe ;
quel trésor d'amour renferme ton cœur ! Hélas !
pourquoi ne puis-je te rendre aussi heureuse
que tu le mérites.

— Que dis-tu, mon ami ? mais je suis heureuse, très heureuse ; et le rouge couvrit son front : la pauvre femme mentait à son mari.

Celui-ci se rapprocha d'elle.

— Tu voudrais me cacher tes douleurs, Honorine !...

La jeune femme embrassa son mari.

Je serais heureuse, dit-elle, si nos enfants ne souffraient pas. Les deux époux confondirent leurs larmes, et les enfants pleurèrent de les voir pleurer.

— Il faudra donc mourir ? dit le malheureux père en promenant autour de lui son regard égaré.

— Que dis-tu, mon ami, s'écria la jeune femme effrayée en étreignant son mari dans ses bras, comme si déjà la mort fût prête à le lui enlever ; que parles-tu de mourir ? As-tu si vite perdu la confiance que nous devons avoir en Dieu ; il n'abandonne jamais ceux qui espèrent en lui.

Adolphe ne répondit rien, il était accablé. Il se voyait incapable de repousser la misère qui s'asseyait, hideuse, au milieu d'eux ; et cet homme, si fort et si plein de courage, perdait ses forces et se laissait aller au découragement en voyant l'état où se trouvaient réduits sa femme, si digne d'être heureuse, et ses chers enfants.

En ce moment un coup sec fut frappé à la porte.

Les deux époux tressaillirent, et les enfants se rangèrent contre eux avec effroi. Cependant le mari alla ouvrir. Un mendiant entra. D'un coup d'œil rapide, il parcourut la chambre délabrée, et sa figure s'assombrit étrangement à la vue d'une aussi affreuse misère.

—Ayez pitié, leur dit-il, d'un pauvre vieillard mourant de faim et de froid.

Adolphe lui prit la main.

—Que je serais heureux, brave homme, de pouvoir rendre la chaleur à vos membres glacés. Mais, voyez, nous manquons de feu. Il nous reste encore un pain et quelques poissons, vous les partagerez avec nous.

Le mendiant frissonna.

—Pas de feu, murmura-t-il entre ses dents, tandis que là-bas!...

—Que l'aspect de notre misère ne vous effraye point, continua le père de famille, nous avons encore à manger pour aujourd'hui.

—Et demain? demanda le mendiant, prêt à éclater en sanglots.

—Demain... c'est vrai, dit Adolphe, en pensant à l'affreuse réalité.

—Demain, *la Providence y pourvoira*, reprit Honorine, achevant la phrase commencée par son mari.

—Oui, la Providence. Vous avez raison, la Providence, dit le mendiant détournant la tête pour essuyer ses yeux pleins de larmes.

La jeune femme se leva et fit asseoir le mendiant au milieu de ses enfants, qui, en voyant l'accueil fait au vieillard par leurs parents, se mirent à jouer avec lui.

L'étranger passa la journée avec la pauvre famille.

Il fut bientôt instruit de la position de ces braves gens, et plusieurs fois des larmes s'échappèrent de ses yeux au récit naïf et touchant de leurs infortunes. Il partagea le frugal souper qui lui était offert de si bonne grâce, et, l'heure du repos étant arrivée, après avoir serré la main de son hôte et embrassé les enfants, il se retira dans un petit cabinet où la jeune femme lui avait préparé un lit à la hâte.

Vous avez sans doute reconnu ce vieillard ; c'est lui que nous avons vu le matin se présenter chez le riche Henriot, sous le nom de Melchior Henriot.

Il passa une nuit fort agitée ; les émotions de la journée et le froid ne laissèrent point approcher le sommeil de sa modeste couche.

Le lendemain il était levé de bonne heure ; il voulait quitter la maison avant le réveil de la famille, mais, au moment de sortir, il tira de sa poche cinq billets de banque de mille francs qu'il déposa sur une table, avec un papier qui contenait ces mots écrits au crayon :

Ceci est pour mon hôte, et il partit immédiatement.

III

Il était sept heures du matin. Adolphe entra dans la chambre du vieillard, et fut extrêmement surpris de ne le point trouver ; ses regards tombèrent sur les papiers.

— Il m'adresse cela, dit-il, en prenant au

hasard le premier venu. Que vois-je! s'écria-t-il; des billets de banque!...

—Qu'y a-t-il donc, mon ami? dit sa femme accourant vers lui tout effrayée.

—Tiens, Honorine, regarde!

—Des billets de banque! fit-elle avec étonnement.

—Et le vieillard est parti, reprit le mari, en les laissant pour nous.

—Hier, je disais donc vrai.

—Oui, ma bonne amie, la Providence a pourvu à nos besoins. Les deux époux se mirent à genoux, remercièrent Dieu et prièrent pour le vieillard inconnu

Dès lors la misère s'éloigna de ces honnêtes gens; un logement plus sain fut loué, la pauvre famille retrouva enfin la tranquillité et put compter sur des jours heureux.

Cependant, depuis cinq ans, le riche fils du négociant Henriot menait joyeuse vie. Il ne se refusait rien et prodiguait en dissipateur ses biens, pour satisfaire ses plaisirs et ses goûts insensés. Il avait de nombreux amis qui, semblables à une bande de vautours s'abattant sur leur proie, l'entouraient de leur fausse amitié, de leurs louanges outrées, pour avoir le droit de puiser à pleines mains dans ses coffres-forts.

Les rentes se trouvaient dissipées bien avant leur terme ; aussi, chaque année, avait-on fortement attaqué les capitaux, sans que le capitaliste parût s'en apercevoir. Du reste, n'ayant jamais eu le courage de penser sérieusement à ses affaires, les plaisirs absorbant tous ses instants, il les négligeait entièrement et les laissait entre les mains de gens peu habiles, et qui, dissipant de leur côté, préparaient sa ruine. Sa fortune se trouvait déjà fortement altérée ; ses plus belles propriétés étaient engagées par des créances considérables, lorsque deux vaisseaux sur lesquels il avait de fortes actions périrent dans une tempête ; cet événement acheva de le perdre. Ses nombreux créanciers mirent la main sur ses propriétés et en firent annoncer la vente aux enchères dans le plus bref délai.

Au jour indiqué, une foule compacte se pressait dans l'intérieur et devant l'hôtel magnifique de M. Henriot. Encore quelques instants et il n'allait plus rien posséder ; des mains étrangères allaient acquérir ses dépouilles et le plonger dans la misère. — Qui ne soulage point la misère, avait dit le mendiant, mérite un jour d'en être accablé.

Parmi ceux qui se pressaient dans une vaste salle de l'hôtel, on eût pu remarquer, triste et les yeux baissés, Adolphe Henriot. Que venait-il faire en ce lieu?... Venait-il insulter au malheur de son cousin et se réjouir de son désastre? — Non, il avait un trop noble cœur pour cela... Que voulait-il, alors? — Un portrait de son oncle qu'il avait tant aimé, allait être vendu, et, ne voulant pas le voir passer dans des mains étrangères, il était venu pour faire cette seule acquisition

Cependant la vente ne commençait pas. Les notaires et les huissiers étaient à leur poste. Dans la foule, sur chaque figure, se peignait l'impatience. Un bruissement vague se fit entendre, et, s'augmentant progressivement, finit par éclater en cris tumultueux. Chacun se demandait : Qu'y a-t-il?... Alors on vit entrer un huissier accompagné d'un vénérable vieillard. Le bruit cessa tout à coup comme par enchantement.

Un silence solennel s'établit, et l'huissier cria, en élevant la voix : La vente n'aura pas lieu ; l'acquisition générale des biens vient d'être faite par M. Melchior Henriot,—et il montra le vieillard, — au nom de M. Adolphe Henriot, son neveu.

—Qu'entends-je? s'écria Adolphe; mon oncle!...

Et, fendant la foule, il s'élança vers le vieillard. Les deux hommes se serrèrent dans leurs bras avec effusion.

—*Demain, la Providence y pourvoira*, dit le vieillard, et des larmes de joie coulaient le long de ses joues.

La foule émue sortit lentement de l'hôtel sans aucun mécontentement.

Melchior Henriot, le bon vieillard, avait amassé dans les colonies une fortune de plusieurs millions; il ne s'était jamais marié.

Voulant revoir sa famille et passer tranquillement ses derniers jours au milieu d'elle, il avait réalisé ses biens et était arrivé en France avec plusieurs vaisseaux chargés de toutes ses richesses. Il apprit d'abord la mort de ses deux frères ; la grande fortune de l'un de ses neveux et la pauvreté de l'autre.

Il fut instruit également que son filleul, vu ses dissipations, courait à sa ruine, et il résolut de l'empêcher de tomber dans l'abîme ouvert sous ses pas.

Mais avant de répandre ses bienfaits sur lui il voulait savoir s'il en était digne. Le bon vieillard s'était fait ces questions : Comment se fait-il que l'un de mes neveux a toutes les jouissances que procure la fortune, tandis que l'autre, habitant la même ville, gémit dans la misère ?... Le riche a-t-il donc repoussé son cousin malheureux ?... S'il en est ainsi, il ne mérite pas mes bontés. Qu'il marche à sa perte, je ne veux point secourir un méchant !

C'est après ces réflexions qu'il se présenta à l'hôtel Henriot pour juger lui-même de son neveu. Nous savons comment il y fut reçu. Le riche s'aliéna entièrement le cœur de son oncle ; Adolphe, au contraire, eut toutes les sympathies du vieillard : il connaissait ses deux neveux.

Le riche quitta Bayonne pour n'y revenir jamais : il eût craint de paraître devant le pa-

rent qu'il avait méconnu et chassé de chez lui.
Il mourut quelques années après dans un état
très misérable, repoussé par tous ceux qui autrefois l'avaient appelé leur ami.

Le vieillard passa ses derniers jours entouré
de l'amour de son bon neveu et de sa famille.

Tous ceux qui connaissent Adolphe Henriot
n'en parlent qu'avec estime et admiration, car
il n'oublie jamais qu'il a été pauvre et malheureux.

FLEUR-DU-CIEL

ou

LA CEINTURE VIOLETTE.

———

I

Sur les bords enchantés de la Meuse, dans la belle vallée du Bassigny, on voit encore aujourd'hui les restes d'un château qui fut habité autrefois par un riche seigneur de Champagne, dépendant des comtes de Vermandois, dont il tenait son fief.

Le baron de Brinville, c'était son nom, avait épousé la fille d'un riche seigneur, son voisin. Le ciel avait béni cette union en leur donnant une petite fille dont la beauté et les grâces naissantes charmaient tous ceux qui l'approchaient.

A cette époque, notre beau pays de France n'était pas sous la protection des lois qui assurent aujourd'hui sa sécurité. Le plus fort avait toujours raison, c'est-à-dire que, dans un différent quelconque qui se vidait par les armes, le vaincu subissait la loi du vainqueur.

Souvent les seigneurs, jaloux les uns des autres, armaient leurs vassaux et se faisaient une guerre à outrance qui se terminait toujours par la ruine des uns et l'affaiblissement des autres. Le baron, qui, par sa naissance, était souvent appelé à la cour de Champagne, laissait l'administration de son domaine à son épouse, qui s'en acquittait avec la plus grande sagesse.

Tous les vassaux la bénissaient et faisaient des vœux pour que le ciel leur conservât leur bonne maîtresse, qu'ils regardaient comme leur mère commune.

Le comte de Champagne s'étant engagé dans une guerre lointaine, le baron dut le suivre avec son contingent de gens d'armes, et passa plusieurs années éloigné de la France.

Profitant de son absence, un voisin du baron de Brinville, sous le prétexte de venger quelques injures particulières, s'empara des terres de Brinville, et aurait même fait la baronne prisonnière, si elle n'eût quitté son château pendant la nuit, à la faveur d'un déguisement.

Dans sa fuite précipitée, elle ne put emmener sa fille, qui pouvait la faire reconnaître par ses ennemis; elle l'a confia à un domestique dévoué qui devait la rejoindre au plus tôt.

Avant de quitter son enfant, elle avait délié une ceinture violette qu'elle avait brodée elle-même et qui lui serrait la taille; puis, l'ayant partagée en deux, elle en passa la moitié autour du corps de sa fille. Cette ceinture, dit-elle, est le présent d'une mère malheureuse, elle protégera mon enfant. Elle serra une dernière fois sa fille sur son cœur, déposa un baiser sur son front et s'éloigna emportant l'autre partie la ceinture.

On s'aperçut bientôt de la fuite de la baronne ; son ennemi, pensant que peut-être elle n'était pas bien loin, faisait battre continuellement la campagne par ses soldats, afin de découvrir la retraite où il supposait qu'elle s'était cachée pour se soustraire à sa vengeance.

Cependant, le domestique chargé de la petite fille, que cette surveillance empêchait de rejoindre sa maîtresse, ne pouvant échapper plus longtemps aux recherches, résolut de se sacrifier pour sauver l'enfant confiée à ses soins.

Il la déposa pendant la nuit dans un jardin et vint ensuite se livrer aux soldats de l'usurpateur, qui le fit mourir parce qu'il refusa de dire ce qu'était devenue la baronne de Brinville.

II

Une maison de modeste apparence, mais annonçant une honnête aisance, s'élevait à environ huit kilomètres de la Meuse, à quelque distance de Brinville, sur la lisière d'un petit bois, séjour ordinaire des chevreuils, des lièvres et des lapins. Elle était habitée par un ancien serviteur du noble baron de Brinville, lequel, ayant été blessé dans un combat en défendant son maître, avait obtenu en récompense le titre de garde-chasse avec la maisonnette du bois et le jardin qui l'entourait.

L'ancien serviteur avait épousé une suivante de Madame la baronne. Ils avaient longtemps désiré un héritier du grade et du nom du bon garde-chasse, mais le Seigneur leur avait toujours refusé ce bonheur.

Le soleil commençait à paraître voilé à demi par des vapeurs légères qui nageaient sur l'horizon. Les oiseaux modulaient leurs chansons du matin, les uns dans le bois, et l'alouette s'élevant de la plaine perpendiculaiment dans les airs; le lièvre regagnait son gîte et le lapin rentrait dans son terrier, après avoir brouté la jeune herbe couverte de rosée.

Le garde-chasse, ayant déjà terminé sa tournée dans le bois, rentrait chez lui.

A peine eut-il fait quelques pas dans son jardin qu'il aperçut, couchée sur un épais tapis de laine, entourée de quelques tiges traînantes chargées de fleurs, une petite fille paisiblement endormie.

4.

Le bon garde fut émerveillé; l'aventure
était si extraordinaire, qu'il crut rêver; il se
frotta les yeux comme pour se réveiller, mais
il avait toujours devant lui l'enfant endormie.
Il craignit de troubler son sommeil et courut
chercher sa femme pour lui faire partager son
admiration.

Pendant ce temps, l'enfant s'étant réveillée,
jouait avec les fleurs qui, se balançant autour
de sa tête, agitées par le vent, venaient caresser
sa gracieuse figure.

Les deux époux s'approchèrent doucement;
l'enfant leur sourit comme elle l'aurait fait à
ses parents, et tendit ses petits bras à la femme.
Celle-ci la serra sur son sein avec transport
et l'emporta triomphante dans sa maison, suivie
de son mari, dont les yeux s'étaient remplis
de larmes.

— C'est le Seigneur qui nous l'envoie, dit
la femme en posant l'enfant sur son lit.

— Oui, femme; c'est ce que j'ai pensé
aussi, dit le garde en passant sa main sur ses
yeux pour sécher ses larmes.

— Peut-être est-ce un ange qui l'a apportée
sur la terre.

Le garde-chasse sourit à cette idée de sa femme.

— Oui, c'est un ange, dit-il, qui nous donne enfin une héritière. Ne veux-tu pas devenir sa mère? ajouta-t-il.

La femme se jeta dans les bras de son mari.

— C'est Dieu qui nous donne cette petite fille : je veux être sa mère.

Elle reprit l'enfant dans ses bras et lui prodigua les plus tendres caresses.

Le garde-chasse se laissait aller à son attendrissement; il embrassait tour à tour et l'enfant et sa femme.

La petite fille venait de retrouver une famille; elle était adoptée.

Le garde et sa femme ne surent jamais quelle était cette charmante enfant. Ils ne pensaient pas devoir un jour la rendre à ses parents; cependant, une ceinture violette trouvée sur elle fut conservée avec soin.

Ils la firent passer pour une petite nièce devenue orpheline, et l'élevèrent avec les sentiments du meilleur des pères, de la plus tendre des mères.

III

Le garde-chasse, malgré l'éloignement de ses maîtres, continuait sa surveillance comme par le passé, sur le beau domaine de Brinville. Le seigneur des Gouttes, qui en était devenu le maître, ne l'avait nullement inquiété, sans doute parce qu'il savait qu'il lui était nécessaire et qu'il lui aurait été difficile de le remplacer.

L'honnête garde n'avait pas vu, sans la plus grande peine, sa maîtresse chassée de son château et réduite à s'enfuir comme une aventurière ; mais il garda le silence ; c'était le parti le plus sage dans la circonstance actuelle.

Que pouvait-il contre le méchant seigneur des Gouttes ?

Du reste, il conservait l'espoir que son maître reviendrait un jour.

Cependant leur fille adoptive grandissait et embellissait à vue d'œil. Sa figure avait quelque chose de céleste. Elle était si fraîche, animée de si vives couleurs, son sourire avait tant de douceur, elle avait de si beaux yeux bleus et tant de grâces dans le maintien, que la bonne femme du garde, s'arrêtant toujours au merveilleux, s'imagina que c'était un ange même sous la figure d'une petite fille. Elle l'avait nommée *Fleur-du-Ciel*. Mais si sa beauté angélique était admirée, les qualités précieuses de son cœur la faisaient bien plus aimer encore.

Il n'était pas une pauvre famille à plusieurs lieues aux environs qui ne connût Fleur-du-Ciel, et à qui elle n'eût rendu quelques services.

C'était un instant de pur plaisir lorsqu'on voyait cette aimable enfant dans la prairie avec quelques-unes de ses jeunes amies du village ; elle était toujours du même avis que les autres ; son caractère tendre et complaisant éloignait d'elle tous les petits chagrins qui accablent sans cesse les enfants.

Sa douceur et son bon cœur lui attiraient des amis partout. Elle était comme nécessaire au bonheur de tout ce qui l'entourait ; les lapins du bois, à qui elle donnait souvent à manger, s'étaient familiarisés avec elle jusqu'à venir à ses pieds pour prendre leur nourriture

dans ses petites mains. L'hiver, il n'était pas
rare de la voir suivie d'une foule d'oiseaux
auxquels elle distribuait chaque matin quelques graines pour les nourrir.

La femme du garde voyait tout cela avec
admiration.

Fleur-du-Ciel l'aidait dans les soins du ménage avec une ardeur et une intelligence remarquables.

La bonne femme était trop heureuse ! Fleur-
du-Ciel n'était-elle pas sa fille ?...

Fleur-du-Ciel ignorait le secret de son adoption ; elle se croyait réellement la fille du
garde-chasse, et celui-ci et sa femme étaient
arrivés à le croire aussi ; ils auraient été très
étonnés si on leur eût dit : Fleur-du-Ciel n'est
pas votre Fille. Ils ne parlèrent donc jamais à
l'enfant du mystère qui l'entourait.

Il y avait quatorze ans que Fleur-du-Ciel
était chez le garde, et elle pouvait avoir
quinze ans. Sa rare beauté avait pris un caractère plus prononcé ; enfin, son esprit et
ses vertus en faisaient une jeune personne ac-
complie.

Deux malheurs affreux vinrent tout à coup

chasser la joie de la maisonnette du bois et changer la position de la jeune fille.

Le garde-chasse tomba malade et mourut au bout de quelques jours. Sa femme en eut un très grand chagrin, et, après l'avoir pleuré pendant deux mois, son âme alla rejoindre celle de son mari.

Avant de mourir, elle avait remis à Fleur-du-Ciel sa ceinture violette précieusement enveloppée, et l'avait instruite de la circonstance qui l'avait rendue leur fille.

Je ne chercherai pas à vous dépeindre la douleur de la pauvre enfant ; elle se trouvait pour la seconde fois sans famille ; mais nous connaissons son bon cœur : elle pleura beaucoup.

IV

— Il s'est opéré un bien grand changement ici depuis le retour de Monseigneur, disait Noémie à son mari, un des fermiers du domaine de Brinville.

— Oui, le bonheur revient parmi nous : nous travaillons avec plus de plaisir ; les récoltes seront meilleures.

N'est-ce pas un grand bonheur de travailler pour notre bon Seigneur ?

— Comme nous étions tous heureux lorsque Monseigneur et madame la baronne firent leur entrée au château.

— Mais quelle bonne dame que notre maîtresse !...

— Oui, et pour preuve, la fille de Raymond, le fermier, qu'elle a adoptée et qu'elle élève comme si elle était sa propre fille qui est morte en bas âge.

— Ne t'a-t-elle pas demandé de lui trouver une jeune fille de douze à quinze ans pour tenir compagnie à mademoiselle Hélène ?

— Oui, et j'ai pensé à cette pauvre Fleur-du-Ciel que nous avons recueillie chez nous lorsque le méchant seigneur des Gouttes l'eut chassée de sa maison pour y mettre un autre garde.

— Tu as bien fait, femme, et ce sera le bonheur de cette charmante enfant.

La conversation se termina là ; les deux époux se séparèrent pour retourner chacun à son travail.

Le baron de Brinville était en effet rentré

en possession de son vaste domaine. Après quinze ans d'absence, il était arrivé un jour suivi de huit cents chevaliers que lui avait donnés le comte de Champagne pour chasser son ennemi de ses terres et les remettre en sa possession. Le seigneur des Gouttes marcha à sa rencontre ; mais il fut complétement battu.

Il allait prendre la fuite, lorsqu'il fut arrêté par le baron de Brinville qui l'étendit mort à ses pieds.

Deux jours après la conversation du fermier et de sa femme, Fleur-du-Ciel était installée au château près de la fille adoptive de la baronne de Brinville, qui avait à peu près son âge.

Les fonctions de Fleur-du-Ciel se réduisaient à ne jamais quitter sa jeune maîtresse.

Hélène était remplie de mauvais instincts. Ses parents l'avaient mal élevée, et elle avait conservé certaines manières grossières qui devinrent encore plus frappantes à côté de Fleur-du-Ciel, si douce, si belle et si bien élevée.

La baronne avait remarqué cette différence ; elle espéra qu'Hélène, ne quittant pas Fleur-du-Ciel, parviendrait à se corriger et à prendre

toutes ses manières. De même, se disait-elle,
qu'une petite fleur odorante communique son
parfum à tout ce qui l'approche, de même
Fleur-du-Ciel doit agir sur le caractère et les
manières de ma fille adoptive.

Fleur-du-Ciel s'acquittait de ses devoirs avec
beaucoup d'exactitude ; mais elle n'était pas
pour cela exempte des reproches de sa jeune
maîtresse. La pauvre enfant, qui craignait de
déplaire à la baronne, pleurait et souffrait sans
se plaindre.

Elle assistait chaque jour aux leçons que
prenait Hélène d'un ecclésiastique qui s'était
chargé de son éducation ; on lui permit même
de les suivre, afin d'exciter l'émulation de sa
maîtresse. Mais Hélène, paresseuse et légère,
ne faisait aucun progrès, tandis que Fleur-
du-ciel profitait seule des leçons du bon prêtre. Hélène était détestée de tous les serviteurs du baron, qu'elle faisait souffrir par des
méchancetés continuelles. Fleur-du-Ciel, au
contraire, s'attirait tous les cœurs par sa douceur et sa complaisance. Hélène se croyait,
par son adoption, beaucoup au-dessus de sa
naissance ; elle prenait avec tout le monde des

airs d'importance qui la rendaient fort ri-
dicule.

Fleur-du-Ciel était depuis trois mois au château, et déjà Hélène avait pour elle une haine
profonde.

C'est que Fleur-du-Ciel, au lieu de l'imiter
dans ses méchancetés, lui faisait souvent des
reproches sur sa conduite. Hélène, enfin, dé-
testait Fleur-du-Ciel, parce qu'elle était plus
belle, plus bonne, plus instruite qu'elle, et que
tout le monde l'aimait. Sa haine jalouse s'aug-
menta tellement, qu'elle résolut de perdre
Fleur-du-Ciel dans l'esprit de sa mère adoptive
et de la faire chasser du château.

Elle avait vu plusieurs fois dans la chambre
de la baronne une ceinture violette que celle-
ci conservait avec un soin religieux; c'était le
seul objet qui lui rappelait l'enfant qu'elle avait
perdue.

Hélène s'empara de cette ceinture et la cacha dans la chambre de Fleur-du-Ciel, afin
qu'on l'accusât de l'avoir volée.

Mais la Providence devait confondre sa méchanceté : sa vilaine action fut sa confusion et
le triomphe de Fleur-du-Ciel.

La baronne s'aperçut bientôt de l'enlève-
ment de sa ceinture.

Tous les domestiques furent interrogés ;
mais tous dirent ne pas y avoir touché. Enfin
l'on fit venir Hélène ; elle accusa Fleur-du-
Ciel.

La baronne ne put d'abord croire la jeune
fille coupable, elle ne l'aurait même jamais
soupçonnée ; en effet, de toutes les personnes
du château, Fleur-du-ciel seule n'avait pas été
interrogée.

— Es-tu bien sûre que ce soit Fleur-du-
Ciel ? demanda-t-elle à Hélène.

— Oui, maman ; je pourrais même dire où
elle l'a mise.

Et elle indiqua la place où elle avait caché
la ceinture, sous quelques effets, dans la commode de la jeune fille.

La ceinture fut trouvée à cet endroit.

La baronne ayant fait venir devant elle
l'innocente accusée qui ne savait rien de ce
qui se passait, prit une figure sévère qui attira
d'abord des larmes dans les yeux de de la
pauvre enfant.

Mademoiselle, lui dit-elle, je vous avais

témoigné de la confiance et vous m'avez trompée !...

A ces paroles, Fleur-du-Ciel fondit en larmes, ce qui sembla confirmer qu'elle était coupable.

Voyez! ajouta la baronne, en lui montrant la ceinture.

Fleur-du-Ciel la considéra un instant avec attendrissement, et, se mettant à genoux, elle la prit avec respect et la porta à ses lèvres ; puis, élevant vers le ciel ses beaux yeux voilés par les larmes, elle prononça mentalement une fervente prière pour ses parents inconnus.

La baronne et ceux qui l'entouraient, ne comprenant rien à l'action toute de tendresse filiale de Fleur-du-Ciel, ne savaient que penser. Les larmes roulaient dans tous les yeux, et la baronne, oubliant sa sévérité, fut sur le point de laisser couler les siennes.

Mais, voulant éclaircir cette affaire qui l'intéressait, sa figure reprit aussitôt sa première expression.

— Qui a pu vous pousser à dérober cette ceinture dans ma chambre, Fleur-du-Ciel ? demanda-t-elle à la jeune fille.

— Moi, Madame, je ne l'ai point dérobée, et je ne comprends pas comment elle est entre vos mains, car je la conservais précieusement dans un petit coffre dont j'ai toujours la clef sur moi.

— Comment, reprit la baronne avec une vive émotion, cette ceinture est à vous ?...

— Oui, Madame ! Hélas ! c'est le seul objet qui me parle de mes parents que je n'ai jamais connus.

— Que dis-tu, Fleur-du-Ciel ? s'écria la noble dame, dans une agitation fébrile. Ce coffre, où est-il ? Apporte-le !...

Fleur-du-Ciel alla prendre le coffre dans sa commode et l'apporta devant la baronne. Il fut ouvert aussitôt, et, au grand étonnement de la jeune fille, on y trouva l'autre partie de la ceinture violette.

La baronne s'en empara vivement ; elle ne l'eut pas plutôt examinée qu'elle la reconnut ; alors, se précipitant vers Fleur-du-ciel immobile et muette devant la ceinture, elle la pressa sur son cœur en s'écriant : Fleur-du-Ciel, ma fille chérie, je suis ta mère !...

Fleur-du-Ciel glissa des bras de sa mère et

tomba à ses genoux qu'elle embrassa avec amour ; elle remercia aussi le Seigneur du bonheur qu'il lui rendait.

La méchanceté d'Hélène était reconnue.

Fleur-du-ciel voulut l'excuser près de sa mère ; mais la baronne, qui voulait que les méchants fussent punis, la renvoya à ses parents.

Le village de Brinville se livra à la joie. Le baron, heureux d'avoir retrouvé sa fille, ordonna des réjouissances publiques qui durèrent un mois.

Deux ans après cet heureux événement, Fleur-du-Ciel fit un brillant mariage. Elle vécut toujours dans l'innocence et la vertu qui peuvent seules donner le bonheur.

Ses parents moururent dans une vieillesse très avancée.

Hélène se corrigea dans la suite et mérita l'amitié de son ancienne suivante, devenue sa maîtresse. Le séjour de la ferme lui montra ce qu'elle était réellement ; et comme l'orgueil et la vanité étaient ses principaux défauts, elle trouva leur guérison dans son humiliation.

Fleur-du-Ciel lui fit un sort heureux.

LA FÉE AUX FLEURS.

Mes chers petits lecteurs, vous aimez beaucoup lire ou entendre raconter l'histoire du *Petit-Poucet*, du *Chat-botté*, de *Cendrillon*, de la *Barbe-bleue*.

Ces histoires sont déjà bien vieilles, et cependant elles vous procurent toujours un véritable plaisir.

Je veux aussi aujourd'hui vous raconter l'histoire d'une aimable fée, très bonne pour les petits enfants.

Je ne vous parlerai point d'une de ces méchantes fées qui ne cherchent qu'à leur faire du mal, parce que je sais que vous aimez beaucoup vos parents, que vous leur obéissez en

5.

tout ; que vous apprenez vos leçons et que vous êtes bien sages en classe.

Soyez toujours bons et studieux, mes jeunes amis, si vous voulez mériter les récompenses et avoir l'amitié de ma bonne fée.

Assem–Bala servait depuis longtemps un puissant roi de Perse ; il était en même temps son ministre, son confident et son ami ; mais ayant eu un jour le malheur de lui déplaire, le roi, déjà prévenu contre lui par plusieurs faux rapports, le dépouilla de tous ses biens et le fit jeter dans une prison obscure.

Le malheureux Assem était marié ; son épouse, femme douce, bonne, sensible et très vertueuse, avait toujours rempli dignement tous ses devoirs.

Une femme n'est heureuse et ne peut être longtemps aimée de son mari qu'autant qu'il trouve en elle une amie sincère et dévouée, un généreux consolateur dans ses peines et ses désagréments.

L'épouse d'Assem avait toujours été très heureuse, car elle réunissait toutes les qualités d'une tendre épouse.

Ils n'avaient qu'un fils âgé de douze ans ;

cet enfant était leur bonheur et leur espoir. Assem avait rêvé pour lui une haute destinée, les plus grands honneurs.

Du reste, à sa naissance, une femme inconnue avait prédit qu'il serait un jour très puissant parmi les grands de l'empire.

Mais les hommes sont tous sujets aux lois cruelles de la fortune :

Aujourd'hui dans la pourpre et demain dans la boue,
Leur règne est incertain......

Assem venait de voir s'écrouler sous ses pieds le piédestal de sa grandeur.

Son épouse, désolée, repoussée par tout le monde comme cela arrive toujours lorsqu'on est dans le malheur, se réfugia dans un quartier retiré de la ville, pour y cacher ses larmes à tous les indifférents et pour tâcher d'élever son fils avec le plus de douceur possible.

Le cœur de la pauvre mère était cruellement navré de ne pouvoir faire pour son enfant bien-aimé tout ce qu'elle aurait voulu. Pauvre enfant! se disait-elle; quelle malheureuse existence sera la sienne! Lui qui devait toujours vivre dans la prospérité!.. Quels que soient ma volonté et mon amour, je ne pourrai

jamais, par mon travail et mes caresses, lui
faire oublier et lui tenir lieu de tout ce qu'il
devait trouver de jouissance dans la haute fortune où il est né !...

Elle se trompait, sans doute, mais nous lui
pardonnons volontiers ses regrets, puisqu'elle
ne revenait sur le passé que poussée par sa
grande tendresse pour son enfant.

Elle se plaisait aussi à espérer. Peut-être
son époux recouvrerait-il sa liberté ? Peut-être
rentrerait-il dans ses fonctions ? Et l'avenir doré
de son fils lui apparaissait de nouveau comme
elle l'avait rêvé au matin de ses jours.

N'ayant jamais connu que le luxe, elle ignorait que le bonheur peut exister ailleurs que
dans les jouissances qu'il procure ; que l'adver-
sité épure les cœurs, les assouplit et forme
presque toujours les véritables hommes de
bien.

Si son fils n'eut plus d'aussi beaux habits ;
s'il ne fut plus entouré de nombreux serviteurs
empressés à lui obéir, il eut plus de tranquillité, et il aurait bien vite oublié son ancienne
condition s'il n'eût toujours pensé à son père,
prisonnier d'état.

Le jeune Assem avait un noble cœur ; il souffrait cruellement de savoir son père gémis-missant sous les chaînes, et il voulait arriver à obtenir sa liberté ou à le délivrer lui-même.

Le roi avait une fille charmante qu'il aimait avec tendresse ; la jeune princesse, entourée d'une cour nombreuse de jeunes filles de son âge, ressemblait à une rose fraîchement épanouie au milieu d'une multitude de petites fleurs des champs.

Elle passait son heureuse enfance dans la joie et les plaisirs.

Elle était aimée de tout le monde, et chacun parlait de son bon cœur et de son amour pour le bien.

La jeune princesse perdit tout à coup sa gaîté ; sa santé s'altéra visiblement, sans qu'on sût à quoi attribuer ce changement subit et ex-traordinaire. Le roi consulta tous les médecins, tous les savants de l'empire, afin de connaître la cause de cette maladie. Mais tous déclarè-rent n'y rien comprendre. Le roi était déses-péré, et sa douleur fut partagée par tout son peu-ple ; on ordonna des prières publiques pour obtenir du ciel la guérison de la princesse, et cependant elle ne recouvrait point la santé.

On parla un jour au roi d'un sage qui vivait, depuis cent ans au moins, dans une grotte au milieu d'une immense forêt ; comme il était très savant, on pensa qu'il pourrait indiquer un remède pour guérir la princesse.

Le roi le fit venir.

Le sage examina la jeune princesse avec attention, et, après avoir réfléchi pendant quelques instants, il se tourna lentement vers le roi et toute sa cour, qui attendaient avec une émotion mêlée de crainte et d'espérance le jugement du savant homme.

Aucun mortel, quel qu'il soit, dit le sage, ne peut guérir la princesse. Je ne puis rien faire pour elle ; mais il existe au milieu de la Forêt-Sombre un château magnifique, séjour ordinaire de la Fée aux Fleurs. Le jour où l'on posera sur sa tête une couronne de fleurs cueillies dans le Château des Fleurs, elle recouvrera sa santé et sa gaîté.

Le sage se retira après avoir été comblé d'honneur et de présents.

Le jour même on publia au son de trompe par toute la ville, que celui qui apporterait la

couronne du Château des Fleurs, obtiendrait
du roi la récompense qu'il demanderait.

Un grand nombre d'hommes, tentés par
l'appât de la récompense, se mirent en chemin pour la Forêt-Sombre, mais elle était tellement épaisse et les branches tellement enlacées
les unes dans les autres, que tous revinrent
après s'être épuisés de fatigue sans avoir même
pu y pénétrer.

La princesse restait toujours dans le même
état, et le roi désespérait de la voir rétablie un
jour.

Depuis deux ans Assem-Bala gémissait dans
son affreuse prison; son fils avait quatorze ans:
c'était un jeune homme hardi, mais sans témérité; courageux sans exaltation; la raison était
le mobile de toutes ses actions : il ne se laissait
diriger que par elle.

En apprenant la promesse faite par le roi à
celui qui apporterait la couronne, il résolut de
l'aller cueillir, afin d'obtenir la grâce de son
père.

Il communiqua sa résolution à sa mère, qui
s'y opposa de tout son pouvoir, cherchant à
lui faire comprendre qu'il était impossible à

tout mortel de pénétrer dans la forêt sombre.

Ceux qui avaient tenté l'épreuve vinrent, à leur retour, confirmer les paroles de la bonne mère.

Assem écouta la voix de la raison, qui lui parlait par la bouche de sa mère. Il attendit.

Une nuit, pendant qu'il dormait, il vit en songe une dame magnifiquement habillée, couverte de fleurs faites de perles et de rubis; sur sa tête brillait une couronne de diamants qui répandait une grande clarté; elle tenait dans sa main un énorme bouquet de diverses fleurs fraîchement écloses, d'où s'échappaient les plus doux parfums.

Elle s'approcha de lui, se pencha sur son lit et l'engagea à aller chercher la couronne de fleurs dans le château de la Forêt-Sombre.

Assem se réveilla aussitôt, et la dame s'évanouit avec le songe, mais sa chambre était encore tout illuminée et remplie d'une odeur délicieuse.

Elle était venue réellement lui parler pendant son sommeil.

Le lendemain, sans rien dire à sa mère, qui aurait voulu le retenir, après avoir mis des

vivres dans un sac de voyage, il quitta la ville
et marcha résolûment vers la Forêt-Sombre.

Sur la fin du deuxième jour, il arriva dans
une vaste plaine arrosée par plusieurs petits
ruisseaux qui, après avoir tracé de longues
lignes sinueuses, allaient se perdre sous les
rochers d'une montagne.

Assem remonta l'un de ces ruisseaux, et
arriva sur le bord d'une fontaine, dont la lim-
pidité rappelait celles que les anciennes nym-
phes choisissaient pour se baigner.

Se sentant fatigué, il s'assit au bord de
l'eau, tira quelques fruits de son sac et se mit
à manger.

Bientôt il vit un petit nain, grand d'un pied
à peu près, qui vint se placer à quelque distance en face de lui, et qui semblait dévorer
des yeux ses provisions.

Assem eut d'abord quelque frayeur en apercevant ce petit être extraordinaire ; sa barbe
traînait jusqu'à terre ; ses yeux lançaient des
éclairs, et il faisait des grimaces épouvan-
tables.

Mais il se reprocha presque aussitôt cet instant de faiblesse.

Il comprit les regards avides du petit bon-
homme et lui offrit de partager son frugal re-
pas. Le nain ne se le fit pas dire deux fois; il
vint s'asseoir à côté d'Assem, et en une minute, il eut absorbé tout ce que contenait
le sac, au grand étonnement de notre voya-
geur, qui ne comprenait pas qu'un aussi petit
homme pût autant manger.

— Où vas-tu? lui demanda le nain d'une
voix nazillarde, après avoir terminé son dîner.

— Je vais au Château des Fleurs, répondit Assem.

Le nain sourit. — On n'arrive pas facilement près de la Fée aux Fleurs; elle est
bien gardée, et je ne te conseille pas d'aller
plus loin.

— Cependant, je suis décidé à continuer
ma route.

— Tu désires donc bien obtenir la récompense du roi?

— Oui, et devrais-je y périr, j'irai au Château des Fleurs.

—Et quelle grâce demanderais-tu? demanda
le nain.

— La grâce de mon père qui est en prison.

— Les sentiments nobles comme celui-là peuvent réussir ; tu pourras arriver au Château des Fleurs. Mais il te faut un guide.

— Je ne connais personne, dit Assem.

— Ne suis-je pas ton ami ? répondit le nain. Je connais le chemin.

— Et vous m'y conduirez ? s'écria Assem tout joyeux, en embrassant le nain dont il ne vit plus l'horrible figure.

Le nain se leva et lui fit signe de le suivre. Ils se mirent en marche ; et, au bout de quelques heures, ils arrivèrent à la Forêt-Sombre.

Il n'est pas un homme qui eût cru pouvoir pénétrer dans cette épaisseur d'épines et de ronces. Assem se sentit découragé lorsqu'il eut examiné les abords de la forêt.

Laisse-moi passer le premier, dit le nain ; et, tirant une petite épée pendue à son côté, il en donna un grand coup sur une partie du bois.

Aussitôt Assem vit s'ouvrir devant lui un joli sentier parsemé de violettes et de paquerettes. Ils entrèrent dans la forêt.

A mesure qu'ils avançaient, le nain, avec son épée, ouvrait le chemin, qui se refermait aussitôt derrière eux. En même temps des mains invisibles les couvraient de fleurs, et l'on entendait de tous côtés une musique harmonieuse, à laquelle venaient se mêler les chants d'une infinité d'oiseaux.

Les deux voyageurs arrivèrent bientôt au château ; il était brillamment illuminé. A leur approche, toutes les portes s'ouvrirent d'elles-mêmes, et l'on entendit dans les airs les plus joyeuses fanfares.

Le nain conduisit Assem jusqu'à la porte, et disparut.

La Fée aux Fleurs alors s'avança au devant de lui ; il la reconnut aussitôt pour la dame qu'il avait vue en songe.

Elle le prit par la main et le conduisit dans une vaste salle ornée de fleurs de toutes les couleurs, éclatantes de fraîcheur. On y avait préparé une magnifique collation.

La Fée lui fit mille amitiés. Il mangea de fort bon appétit, et, comme on oubliait de dormir dans ce palais, il fut très étonné de revoir le jour le lendemain, sans avoir pensé

à prendre quelque repos, et de se trouver remis de toutes ses fatigues.

La Fée le conduisit dans ses jardins. Ses
yeux furent agréablement surpris en voyant
l'innombrable variété des fleurs qui s'y trouvaient réunies.

A cette époque, nous n'avions pas, comme aujourd'hui, des parterres émaillés de mille fleurs
charmantes. Ces plantes agréables étaient encore inconnues; elles étaient seulement culti-
vées au Château des Fleurs par la Fée aux
Fleurs elle-même.

Les enfants n'avaient point alors un bouquet
à offrir à leurs mamans un jour de fête et des
guirlandes pour orner leurs têtes.

On comprendra sans peine l'étonnement du
jeune Assem.

Tout en lui faisant parcourir les allées du
jardin, la Fée lui nommait toutes les fleurs.
Voici, lui dit-elle, la rose, c'est la reine des
fleurs; je lui ai donné tous mes soins, vous
en voyez toutes les espèces : la rouge, la rose,
la blanche, la jaune, et toutes ont un parfum
différent. Ces petites fleurs si variées sont les
œillets; leur beauté et les odeurs qu'elles ex-

halent les feront toujours rechercher. Voici la
tulipe, dont la variété fait le seul mérite. Cet
arbuste, qui semble embaumer à lui seul l'air
que nous respirons, c'est le jasmin. Voilà la
renoncule, la jacinthe, le narcisse, qui n'est ici
que depuis que le charmant Narcisse fut
changé en fleur.

Voici sur cette plate-blande le dalhia ; j'avais
presque envie de le détruire, sa fleur, n'étant
agréable qu'à la vue, mais sa grande variété,
ses pétales gracieusement rangés, lui ont fait
trouver grâce devant moi ; il ira, comme mes
autres fleurs, orner les jardins des mortels ;
car, ajouta-t-elle, le moment est arrivé où je
vais parcourir toutes les contrées de la terre et
y répandre la graine de toutes mes fleurs. Bientôt les hommes pourront sans difficulté, avec
un peu de travail et quelques soins, se procurer toutes les jolies fleurs que vous voyez ici.

Et l'obligeante fée continua à montrer et à
nommer toutes les fleurs de son jardin à Assem,
qui était tranporté d'admiration par tout ce
qu'il voyait et entendait.

Puis, courant avec légèreté sur les plates-
bandes sans rien briser, la Fée cueillit une

grande quantité de fleurs, elle en fit une couronne et la remit à Assem en lui disant : Voilà,
Assem, la couronne qui doit rendre la santé à
la princesse ; allez bien vite la lui porter et faire
mettre votre père en liberté.

Il rentrera en grâce et deviendra encore plus
puissant qu'auparavant ; vous-même, vous serez un jour un des plus grands de l'empire si
vous aimez constamment la vertu.

Alors elle le conduisit à la porte du château
où il retrouva son conducteur le petit nain. La
Fée lui sourit encore gracieusement, puis disparut au milieu de ses fleurs.

Dès qu'Assem et le nain eurent quitté le château, les épines, comme à leur arrivée, s'écar-
tèrent et laissèrent à leur place fleurir les violettes ; la musique du bois et le chant des oiseaux les accompagnèrent encore jusqu'à l'ex-
trémité de la forêt.

Le nain fit ses adieux à Assem, et, sans
prendre la peine d'écarter les épines de nouveau, il se perdit dans l'épaisseur du bois.

Assem, la précieuse couronne à la main,
arriva à la ville et se présenta au palais de la
princesse.

Le roi, transporté de joie, le fit introduire aussitôt dans la chambre de sa fiille.

Assem s'inclina respectueusement devant elle et lui posa la couronne sur la tête.

Les fraîches couleurs de la princesse revinrent aussitôt ; elle regarda Assem avec douceur, un éclair de joie illumina son front et un aimable sourire vint se reposer sur ses lèvres de rose : c'était le signe de sa guérison.

Le roi se jeta au cou d'Assem en lui disant :

Tu ne me quitteras plus, tu seras mon fils, je t'aimerai autant que ma fille.

Vous resterez toujours près de moi, dit la jeune princesse.

Mais Assem avait un devoir à remplir. Sire, dit-il au roi, je regrette de ne pouvoir accepter vos offres généreuses, mais vous avez promis une récompense que je réclame.

Il va nous quitter, mon père, dit la princesse qui s'attrista.

J'ai promis cette récompense, reprit le roi, et, s'adressant à Assem :

— Que veux-tu ? lui demanda-t-il.

— Sire, répondit le jeune homme, mon

père est innocent, rendez la liberté à Assem-Bala.

— Assem-Bala, s'écria le roi, mon meilleur ami.

Tu es son fils ! il est libre dès cette heure.

Assem-Bala baisa la main du roi et courut retrouver sa mère, qu'il instruisit de ce qui venait de se passer.

Le lendemain, Assem-Bala était rentré dans tous ses biens et avait repris ses titres à la cour.

Le roi voulut punir ceux qui l'avaient accusé, mais le noble Assem obtint leur grâce.

Son fils ne quitta plus la cour.

L'année suivante il épousa la princesse.

La Fée aux Fleurs assista à ses noces. La salle du festin avait été ornée d'une grande quantité de jolies fleurs, pour faire honneur à la Fée, qui, suivant ce qu'elle avait dit à Assem, les avait données au monde en semant sur toute la terre les nombreuses graines qu'elle recueillait depuis de longues années dans son château de la Forêt-Sombre.

Quelques années après le roi mourut, et le jeune Assem monta sur le trône. Il gouverna

6

longtemps ses sujets, dirigé par la haute sagesse
de ses parents, qui terminèrent leurs jours en
bénissant le fils que le ciel leur avait donné
pour faire leur bonheur.

LE GÉANT DES EAUX.

Avez-vous vu l'Italie, ce berceau de tous les arts qui possède Rome, l'ancienne capitale de l'univers, aujourd'hui encore la capitale du monde catholique; son beau ciel bleu, son soleil aux éclatants rayons, ses villes de marbre et ses fertiles campagnes?...

Chaque objet, dans cette belle contrée de l'Europe, vous remplit d'admiration.

On était au mois de juillet, et une joie pure animait le château du comte Héléno, grand seigneur italien.

Le comte était veuf. Il avait deux fils, Abel et Xavier, et une fille charmante, appelée Célinie, qu'il aimait beaucoup; il avait reporté sur eux toutes ses affections, et eux seuls purent l'attacher à la vie après la mort de son épouse chérie.

Dès leur enfance, il les avait confiés à sa sœur qui habitait la ville voisine, et celle-ci les élevait et leur prodiguait les mêmes soins qu'à ses deux fils et à sa fille, de sorte qu'il existait entre les quatre jeunes gens et les deux jeunes personnes une union toute fraternelle.

Les enfants du comte étaient venus passer quelque temps près de leur père, avec leurs cousins Marcel et Jules et leur cousine Flavia, qui ne se séparait jamais de sa chère Célinie.

Vous comprendrez sans peine, chers lecteurs, tout le bruit que devaient faire ces jeunes gens âgés de douze à seize ans.

On se livra à toutes sortes de jeux; un jour c'était une course à cheval, le lendemain une promenade dans les montagnes, un autre jour une partie de chasse; enfin tous les amusements connus furent mis en usage par la bande joyeuse qui n'avait d'autres soucis que ceux de se bien divertir.

Le château était bâti dans une position magnifique, sur le penchant d'une colline.

De sa haute tour on apercevait le lac de Côme et le lac Majeur, où s'élève la statue colossale de saint Charles Borromée, dans l'île qui porte son nom; la vue se promenait ensuite avec plaisir sur le charmant village de Monzo, séjour délicieux, comme on en rencontre à chaque instant en Italie, et s'arrêtait enfin sur le sommet des montagnes Peignes, qui se perd dans les vapeurs brumeuses s'élevant des lacs.

Nos jeunes gens avaient projeté, depuis quelques jours, une partie sur le lac, dans un bateau que Jules et Abel devaient conduire comme étant les meilleurs nautonniers.

Un matin on se leva disposé à se rendre au lac.

L'immense voûte azurée brillait par sa pureté. La nature était dans un calme parfait; les ailes mêmes si légères du zéphir restaient immobiles.

La troupe joyeuse, tout en folâtrant dans l'herbe de la prairie, arriva près du lac, dont la

surface unie réflétant le ciel et les rayons du
soleil, ressemblait à une vaste nappe bleue par-
semée de rubis, de diamants et d'émeraudes.
De coquettes nacelles se balançaient sur ses
bords.

Ils entrèrent dans la cabane d'un vieux pêcheur, et Jules demanda à louer une nacelle
pour la journée.

Le vieillard considéra un instant le jeune
homme avec étonnement, et lui dit enfin en
lui montrant le lac :

Voyez, Monsieur, aujourd'hui l'on ne se
promène pas sur le lac.

— Et pourquoi cela? demanda Abel, le temps
est magnifique.

— Pourquoi? répondit le pêcheur, faisant
un grand signe de croix; Dieu nous garde du
Géant des Eaux.

— Que voulez-vous dire? demanda Jules en
souriant.

— C'est aujourd'hui que le Géant des Eaux
gronde sur le lac; voyez nos barques retenues
par les câbles; elles ne doivent pas quitter la
rive aujourd'hui. Malheur à celui qui s'aventu-

rerait sur le lac, le Géant des Eaux l'engloutirait.

La petite société partit d'un bruyant éclat de rire.

— Vous êtes jeunes et vous riez, dit le pêcheur; vous ne voyez pas le précipice ouvert sous vos pieds, mes enfants La jeunesse est aveugle, elle a besoin des sages conseils et de l'expérience de la vieillesse pour diriger ses actions. Croyez-moi, n'allez pas sur le lac aujourd'hui le quinze août, fête de la Vierge; il vous arriverait malheur.

Nos jeunes amis regardèrent le pêcheur avec étonnement, puis le lac, où, chose très rare, il ne se balançait pas une voile, il ne s'agittait pas une rame.

— Je suis déjà vieux, continua le pêcheur, j'ai vu bien des choses extraordinaires; jamais on n'a troublé le repos des eaux du lac le quinze août, sans qu'il soit arrivé malheur. C'est le jour du Géant des Eaux.

— Qu'est-ce donc que le Géant des Eaux? demanda Xavier avec curiosité.

Oui, répétèrent-ils tous ensemble, qu'est-ce que le Géant des eaux?...

— Asseyez-vous ici, dit le pêcheur, et je vais vous dire ce que mon père m'a raconté vingt fois, ce qu'il tenait lui-même de son grand-père.

Nos jeunes gens s'assirent sous un oranger, formant un cercle autour du vieillard. Il leur parla ainsi :

— Il n'est pas un pêcheur et pas même un habitant, à dix lieues autour de nous, qui n'ait entendu parler du Géant des Eaux.

Il y a bien longtemps, bien longtemps qu'il existait là-bas, sur le bord du lac, un grand et riche château qui appartenait au noble et puissant seigneur Orlophe.

Il y vivait tranquille, aimé de ses vassaux.

Il avait un frère un peu plus jeune que lui, mais très méchant, qui brûlait du désir de s'emparer de tous ses biens.

Il conserva longtemps dans son âme les tourments de cette affreuse envie, cherchant continuellement l'occasion d'accomplir un horrible dessein ; il voulait se défaire de son frère.

C'était à pareil jour qu'aujourd'hui, fête de Notre-Dame ; les deux frères se promenaient dans la soirée sur le lac ; le temps était magnifique ; les étoiles commençaient à briller dans l'azur des cieux, un doux zéphir caressait les voiles et faisait glisser la fragile nacelle légèrement sans aucune secousse sur le lac.

Pendant que le seigneur Orlophe considérait attentivement la vaste étendue d'eau sur laquelle se réflétaient les derniers rayons du soleil couchant, son méchant frère s'approcha de lui doucement, et, le saisissant par le corps, il le jeta dans le lac. Il voulut alors se rapprocher du rivage, mais aussitôt les flots se soulevèrent, se précipitèrent les uns contre les autres avec un bruit terrible, et le Géant parut sur les eaux ; il s'approcha de la barque, en criant : Malheur ! malheur au fratricide, se précipita sur elle et l'engloutit, puis tout retomba dans le silence ; seulement, la voix du Géant gronda encore longtemps en s'éloignant : Malheur ! malheur au fratricide.

Le lendemain on retrouva le corps du seigneur Orlophe étendu sur la grève. On ne sut jamais ce qu'était devenu celui de son frère ; on pensa que le Géant en avait fait sa pâture.

Voilà ce que c'est que le Géant des Eaux,

ajouta le pêcheur, et depuis, nul n'ose se ha-
sarder sur le lac le jour de Notre-Dame ; car
chacun sait qu'il y revient chaque année à la
même époque.

La terreur était peinte sur la figure des deux
jeunes filles, elles regardaient le lac en frémis-
sant.

Marcel et Xavier n'étaient guère plus rassu-
rés. Mais Abel et Jules, qui faisaient les esprits-
forts, les raillèrent sur leur frayeur.

—Vous êtes libres, leur dirent-ils, de rester
sur le rivage, mais nous ne voulons pas renoncer à une promenade aussi agréable. Les
jeunes filles firent de vains efforts pour les retenir ; le vieux pêcheur voulut parler encore,
mais ils n'entendirent rien et se jetèrent dans
une barque légère, en riant de la timidité
de leurs camarades et du conte du vieux pêcheur.

La nacelle se balança un instant sur l'eau en
décrivant une courbe assez prolongée, mais
deux vigoureux coups de rame adroitement
donnés lui firent fendre l'onde avec rapidité,
et bientôt ils disparurent aux yeux terrifiés du
pêcheur et de leurs jeunes amis.

Cependant, le ciel se couvrit subitement d'un épais nuage noir, la teinte azurée du lac se changea en une couleur sombre et menaçante. Un vent violent s'éleva et fit voler la frêle embarcation sur les flots qui commençaient à se soulever. Un grondement sourd se fit entendre, se répercutant sur toute l'étendue du lac, et un autre bruit qui semblait sortir de dessous les eaux annonça une tempête horrible. Des éclairs déchiraient les nues et embrasaient le ciel ; les flots s'agitaient avec fureur, et la nacelle, lancée de l'un sur l'autre, ressemblait à une coquille de noix au milieu d'une chaudière remplie d'eau bouillante.

Les deux imprudents voulurent revenir au rivage, mais la lutte était devenue impossible ; les vagues et les vents déchaînés se riaient de leurs efforts.

Ils se repentirent alors de leur témérité. C'est ce qui arrive toujours lorsque l'on s'est exposé à quelque danger, malgré les sages observations que l'on n'a pas écoutées. Malheureusement il n'était plus temps pour les deux jeunes gens de se repentir. Ils comprirent qu'ils allaient mourir, et ces mots du pêcheur : Il vous arrivera malheur, résonnaient sans cesse à leurs oreilles.

L'histoire du Géant des Eaux, qu'ils ne traitaient plus de conte, se retraçait dans leur esprit et les glaçait d'horreur et d'effroi.

Bientôt une voix terrible se fit entendre, et ils virent s'élever du sein des eaux une masse informe qui, se rapprochant d'eux, leur fit voir, à la lueur des éclairs, un homme d'une grandeur démesurée, à la tête immobile, aux yeux effrayants qui lançaient des flammes; il s'avançait rapidement.

En un instant il fut près de la nacelle; il la heurta de ses énormes pieds d'eau, la brisa en morceau et précipita les deux téméraires au milieu des flots. Un cri terrible retentit sur le lac, puis l'on n'entendit plus rien. La tempête se calma peu à peu, et un silence de mort remplaça le hurlement des eaux et des vents.

Malgré toutes les recherches que l'on fit, on ne put retrouver les cadavres des deux malheureux, victimes de leur imprudence.

Le souvenir de cette catastrophe se conserva toujours dans le pays, et si, comme moi, vous allez visiter l'Italie et le lac de Côme, vous en-

tendrez raconter cette légende et chanter cette
ballade connue de tous les habitants de la
contrée.

LE GÉANT DES EAUX.

BALLADE.

Craignez, gentille batelière
Qui conduisez jolis bateaux,
Craignez l'approche meurtrière
  Du vieux Géant des Eaux.

Dans une légère nacelle
S'élancent deux beaux nautonniers,
Au soleil le lac étincelle,
Sur les monts fondent les glaciers.

Tout à coup vient le flot qui gronde,
Comme un reptile se tordant,
Les vents affreux soufflent sur l'onde,
Le jour pâlit subitement.

La foudre en éclatant s'élance,
Et, vers la barque qui frémit,
L'affreux Géant des Eaux s'avance,
Passe sur elle et l'engloutit.

Au milieu des flots en furie,
Quel est ce cri terrible, affreux ?...

7

Des nautonniers c'est l'agonie :
A genoux ! et prions pour eux !...

Craignez, gentille batelière
Qui conduisez jolis bateaux,
Craignez l'approche meurtrière
Du vieux Géant des Eaux.

LA VIERGE AUX ANGES.

NOUVELLE HISTORIQUE.

I

Les élèves d'un grand maître de Cortone avaient exposé leurs ouvrages, et le public était admis à les visiter.

C'était un beau jour pour la plupart d'entre eux, car l'approbation des connaisseurs qui allaient juger leurs tableaux devait décider de

leur avenir, la joie, comme une auréole de bonheur, éclatait sur tous les visages.

Cependant, un seul élève du grand peintre
ne partageait pas cette joie générale ; il était
heureux du succès presque certain de ses con-
disciples, mais honteux de n'avoir aucun tableau figurant à cette brillante exposition.

Il s'était retiré dans un coin, et là, pâle et
tremblant, il craignait d'être aperçu par quelque collègue indiscret.

Ce jeune homme était Bérétin, dit Pierre
de Cortone, né dans cette ville en 1596.

Bérétin était entré, jeune encore, dans
l'atelier du maître pour s'y livrer à l'étude des
beaux-arts. Mais il est des natures plus ou
moins vives, des talents qui se développent
plus facilement que d'autres.

Le travail, pour les uns, ne présente que
des difficultés faciles à surmonter, tandis que,
pour les autres, ce même travail est pénible,
bien que possédant toutes les qualités qui pro-
mettent un avenir. Souvent, une circonstance
bizarre, imprévue, vient éclairer leur intelligence, et leur cœur est pénétré, pour la première fois, des étincelles de la pensée. Alors,

le voile est déchiré : l'imagination va puiser dans les profondeurs secrètes de la nature ; les idées viennent se ranger avec ordre, dirigées par le goût, sous la plume du poète, sous les doigts du musicien, le pinceau du peintre ou le ciseau du sculpteur.

Bérétin n'avait pas un de ces génies précoces qui étonnent le monde ; il avait passé plusieurs années déjà dans l'atelier du peintre, et il n'était guère plus avancé dans l'art divin de Rubens et de Raphaël que la première année. Aussi, était-il le bouffon de tous les autres élèves, ses compagnons.

Bérétin, cependant, était digne de leur affection ; doux et affectueux pour tous, ils n'avaient qu'à se louer de son bon caractère ; mais tout en lui rendant justice sur ce point, ils ne cherchaient pas moins à l'humilier, en lui faisant remarquer les nombreux défauts qui existaient sur ses plus légers croquis.

Bérétin avait travaillé pour l'exposition ; mais, comme toujours, son tableau était rempli de fautes grossières. Honteux d'avoir produit une telle œuvre, il cacha sa toile, afin qu'elle restât ignorée de tous.

Il avait compté sans la malice de ses condis-
ciples; ceux-ci découvrirent le tableau, en
rirent d'abord beaucoup, et, voulant pousser
plus loin leurs plaisanteries, ils le couvrirent
d'un voile, et l'exposèrent au milieu des leurs.
A un moment donné, lorsque le monde rem-
plissait déjà l'atelier, on enleva le voile qui
recouvrait le tableau, et qui laissa voir à
tous les yeux l'horrible croûte de Bérétin,
tandis que les élèves éclataient en rires in-
sultants.

Malgré les imperfections de cette toile, en
démêlant le sujet sous de nombreuses couches
de couleurs, on aurait peut-être remarqué
qu'une imagination ardente avait présidé à sa
composition. Le tableau représentait une
Vierge dans un ciel d'azur et entourée d'une
foule de petits anges.

Mais les couleurs étaient si épaisses et si
mal distribuées, qu'on n'y distinguait absolu-
ment rien, si ce n'est des nuages blancs,
rouges, verts ou jaunes.

Bérétin, pâle comme un cadavre, les yeux
hagards, les cheveux en désordre, s'élança
d'un bond vers le tableau et le foula sous ses

pieds avec colère, au milieu des huées de la foule.

Le soir, on l'attendit vainement; le jeune homme, la douleur de sa honte dans l'âme, avait quitté Cortone, en jurant de n'y rentrer que lorsqu'il serait devenu un grand peintre.

Il avait pris le chemin de Rome.

II

Pendant plusieurs années, Bérétin fréquenta les meilleures écoles de Rome, nourrissant son esprit des chefs-d'œuvre de *Carrache*, du *Corrège*, de *Titien*, de *Raphaël* et de *Michel-Ange*. Il se lia intimement avec le Guide, qui travaillait alors, dans cette ville, à la composition de ses premiers chefs-d'œuvre. Enfin, son talent s'étant développé tout à coup par l'étude laborieuse qu'il fit de tous ces grands maîtres, il occupa bientôt un rang distingué parmi les premiers peintres de l'époque.

Il composa alors plusieurs ouvrages qui sont très-estimés. Ses airs de tête sont empreints d'une grâce infinie; son coloris est frais et brillant; ses idées sont toujours nobles, sur-

tout dans ses grands sujets, qui sont de beaucoup supérieurs à ses petits tableaux, qu'il
ne soignait pas autant. On lui reproche cependant un dessin peu correct, des draperies jetées avec irrégularité, et ses figures
quelquefois lourdes; mais quel est le peintre à qui l'on ne peut reprocher quelques
défauts? Aucun n'est parfait, et celui qui
approche le plus de la perfection est le plus
grand.

Bérétin n'est pas irréprochable, sans doute,
mais il a fait un pas vers la perfection.

Il éprouva le désir de revoir sa ville natale ;
il pouvait y rentrer, puisqu'il était devenu un
grand peintre. Il résolut de composer de nouveau le premier sujet sorti de sa pensée : *la
Vierge aux Anges,* et qu'il avait impitoyable-
ment jeté sous ses pieds le jour de son départ.
Il voulait emporter ce tableau à Cortone et le
faire figurer à l'exposition annuelle des élèves
de son ancien maître.

La Vierge aux Anges sortit, en effet, brillante
de ses mains ; ce n'était plus cette toile sans
mérite qui lui avait valu une si grande humiliation. C'était, cependant, le même sujet, et

la même pensée en avait disposé le caractère
et distribué les couleurs.

Mais cette pensée était guidée par le génie
de l'artiste, mais le pinceau d'un maître l'avait
achevée.

La Vierge aux Anges était un chef-d'œuvre.
Bérétin exposa son tableau dans l'atelier de
son ancien maître, à l'endroit même où le
premier avait été placé par ses compagnons.

Un voile le recouvrait également, et lorsque
le public eut rempli l'atelier, une main mystérieuse enleva le voile, et tous les yeux se por-
tèrent sur le brillant tableau de Pierre de Cortone, au bas duquel étaient écrits ces mots :
A mon premier maître, Bérétin reconnaissant.
Il était caché dans la foule satisfaite et remplie
d'admiration ; il put jouir de son triomphe,
bien capable de le dédommager de ce qu'il
avait eu à souffrir dans une semblable solen-
nité. Son nom vola de bouche en bouche, et
sa renommée, déjà connue à Cortone, s'aug-
menta considérablement.

Le maître accepta l'hommage de son élève,
et tous les anciens compagnons de Bérétin,
étonnés et confus devant son grand talent,

7.

baissèrent le front devant lui, car il était leur maître à tous.

Bérétin s'était vengé.

III

Il ne resta pas longtemps à Cortone ; il était appelé à Rome pour y exécuter divers travaux importants.

Il y passa plusieurs années.

Le pape Alexandre VII le fit chevalier de l'Éperon-d'Or.

De Rome il alla à Florence, où il se fit de nouveau remarquer par ses belles compositions.

Le grand-duc Ferdinand II le combla d'honneurs et de richesses.

Bérétin mourut en 1669, à l'âge de soixante-treize ans, après avoir doté l'Italie d'un grand nombre de tableaux qui font aujourd'hui l'admiration de tous les amateurs.

La France possède plusieurs de ses ouvrages à Paris, au Musée du Louvre.

Il avait un caractère aimable et uniforme ; il était de mœurs pures et très-sensible à l'amitié.

Il se servait du pinceau avec une adresse remarquable.

On rapporte que Ferdinand II, admirant un jour un jeune enfant qu'il avait peint pleurant, il lui donna un coup de pinceau, et l'enfant parut rire, et aussitôt il lui fit reprendre son premier état, au moyen d'une seconde touche.

« Prince, dit-il en se retournant vers le duc, voyez comme sont les enfants : ils pleurent et ils rient, dans une seule minute, avec la même facilité. »

LA MÈRE L'HIVER.

René était un joli petit garçon, bien aimé de ses parents, et même un peu gâté par sa maman.

René devait un jour être très riche, car son papa possédait de beaux châteaux, de grandes propriétés, et beaucoup d'or et d'argent.

Malheureusement, et comme cela arrive trop souvent, tous ceux qui vivaient près de lui ne manquaient jamais de lui parler de ces ri-

chesses, de l'aduler, et d'avoir pour lui de
nombreuses et dangereuses complaisances.

Il s'était fait en quelque sorte une cour de
toutes les personnes intéressées à se conserver
une bonne place près de son père; car René
était le canal par lequel tous les dons, tous les
bienfaits passaient. Celui qui voulait obtenir
quelque chose de ses parents, commençait par
lui faire sa cour, et René, avec une caresse à
sa mère, obtenait tout ce qu'il désirait.

Voyant tout le monde empressé à lui plaire, il
prit l'habitude de commander, et devint bientôt
un véritable petit tyran. Mais comme on craignait, en lui déplaisant, de s'attirer de la peine
d'un autre côté, on prenait lâchement le parti
de rire de ses sottises et de ses méchancetés,
qu'on faisait même passer pour des marques
de son esprit précoce.

Il avait cependant un cœur bon et sensible,
et s'il eût été bien dirigé, on en aurait fait
certainement un petit garçon charmant.

Mais telle est la faiblesse des parents qui,
pour ne pas contrarier leurs enfants, ferment
les yeux sur leurs défauts, ou ne s'en rapportent
qu'aux flatteurs qui les entourent, en effet, les

rapports de ceux-ci étant tels que les parents les souhaitent ; ils ne sont que trop portés à les croire, mais qu'arrive-t-il ? C'est qu'ils pensent avoir dans leur enfant un petit ange, lorsqu'ils n'ont qu'un petit démon.

Ainsi, René qu'on disait avoir de si belles qualités, était un méchant petit garçon habilement déguisé par son entourage.

Tous ses désirs étaient prévenus, et chacun s'empressait de les satisfaire. Demandait-il des joujoux, des bonbons, des gâteaux, aussitôt bonbons, gâteaux et joujoux de toutes sortes pleuvaient autour de lui. Mais plus on lui accordait, et plus il croyait avoir le droit d'exiger.

Comme tous les enfants dont on fait toutes les volontés, il était désobéissant, et ne craignait pas de faire de la peine à sa bonne mère, en ne l'écoutant point.

Lorsqu'il s'était mis quelque chose dans la tête, rien ne pouvait l'empêcher de l'exécuter. Il s'était attiré déjà beaucoup de mal et de désagrément par ses désobéissances. Ainsi, un jour qu'il courait dans le jardin, autour d'un grand bassin, malgré la prière que lui faisait

sa maman de ne pas le faire, il tomba dans
l'eau et manqua se noyer.

Une autre fois, il reçut un coup de pied
de cheval qui le fit boîter longtemps, parce
qu'il s'obstina, malgré la défense de son papa,
à vouloir arracher des crins de la queue de ce
cheval. Cependant, il n'en devenait pas plus
sage, et tous les jours il s'attirait de nouveaux
chagrins.

Il avait un petit ami appelé Ramis, qui venait très souvent jouer avec lui.

Ramis avait aussi des parents riches et très
bons pour lui, mais il était peut-être encore
plus désobéissant et plus méchant que Réné ;
de sorte que lorsqu'ils étaient ensemble, il
n'était pas de farces et de méchancetés qu'ils
ne fissent, et plus René fréquentait Ramis, et
plus il devenait mauvais sujet. Il n'était même
plus aussi sensible aux reproches que lui faisaient quelquefois sa maman. Tant il est vrai
que, dans les mauvaises sociétés, nous perdons
tout ce qu'il y a de meilleur en nous, pour
prendre leurs vilaines habitudes.

C'est ce qui prouve qu'on doit bien choisir
ses amis, et ne se lier qu'avec ceux qui peuvent

nous donner de bons exemples à suivre ; car, malheur à l'enfant sage qui tombe au milieu de petits polissons, il est bientôt aussi méchant qu'eux.

L'hiver et ses frimas avaient couvert la terre, les plaisirs et les ris avaient abandonné les campagnes, et étaient venus se ranger, beaucoup moins bruyants, autour des foyers de la famille.

C'était un jour qu'il faisait bien froid, Ramis était venu au château pour jouer avec Réné.

Après avoir fait manœuvrer des soldats de carton, et regardé des images dans un grand album, les deux amis commencèrent à s'ennuyer, et Ramis proposa à Réné de descendre dans la cour du château. Réné ne le voulut pas d'abord, parce que sa mère lui avait défendu de courir dans la neige, en lui disant que, s'il y allait, la Mère l'Hiver l'emporterait, et Réné ayait grand' peur de la Mère l'Hiver. Mais il n'eut pas la force de résister longtemps à Ramis, et bientôt ils furent dans la cour.

Ils s'amusèrent à faire des boules *de neige*, et à se les jeter, ce qui leur plaisait beaucoup.

Mais Ramis, qui ne se trouvait jamais bien nulle part, s'ennuya de ce nouveau jeu, et engagea Réné à entrer dans le parc, où ils auraient beaucoup plus d'espace pour courir.

Réné, qui commençait à trouver du charme à danser dans la neige, oublia tout à fait la défense de sa maman et la Mère l'Hiver; il suivit Ramis.

Les voilà donc dans le parc, courant de tous les côtés, tantôt faisant un énorme boule de neige qu'ils poussaient devant eux, tantôt reprenant leur combat, quitté vingt fois et vingt fois recommencé.

Il y avait déjà trois heures qu'ils s'amusaient ainsi, et ils s'étaient considérablement éloigné du château.

Ils pensaient à revenir sur leurs pas, lorsque Ramis aperçut dans le mur une porte donnant sur la campagne, et qui était ouverte.

— Allons voir, dit-il à Réné, ce qu'il y a de l'autre côté.

Réné n'était jamais sorti du parc sans être accompagné par quelque domestique; il repoussa la proposition de Ramis.

— Non, lui dit-il, nous sommes assez loin,

maman nous grondera ; retournons au château.

— Ta mère ne le saura pas, reprit Ramis. Viens donc.

— Il est temps de retourner, dit Réné.

— Vois, il fait encore jour.

— Non, reprit Réné, allons-nous-en, et il trembla bien fort la Mère l'Hiver : dont sa maman l'avait menacé, venait de lui revenir à la mémoire.

— Est-ce que tu as peur, demanda Ramis ?

— Non, mais si nous rencontrions la Mère l'Hiver.

— Qu'est-ce que c'est que la mère l'Hiver?...

— Celle qui prend les petits garçons qui courent dans la neige, répondit Réné, tremblant encore plus. Ramis se mit à rire aux éclats. C'est un conte, dit-il, que l'on a fait pour épouvanter les petits enfants ; il n'y a point de Mère l'Hiver, et il riait encore plus fort en se moquant de Réné.

Réné ne voulait pas paraître moins brave que Ramis, et, pour lui prouver qu'il n'avait pas peur, bien qu'il tremblât de frayeur, il sortit le premier du parc, et se mit à courir dans la campagne.

Ils furent émerveillés à la vue d'une vaste
plaine couverte de neige, dont l'éclatante blancheur éblouissait leurs yeux. Bientôt un grand
espace couvert d'une glace unie et transparente
s'offrit à leurs regards; ils y coururent en
poussant des cris de joie, et s'amusèrent à
glisser pendant longtemps, en s'éloignant toujours du parc et du château.

Cependant la nuit commençait à étendre
son voile noir sur la terre; lorsque Réné et
Ramis s'en aperçurent, il était déjà trop tard
pour retrouver leur chemin, de sorte qu'au
lieu de se rapprocher, ils s'éloignaient de plus
en plus, et la nuit s'épaississait toujours. Ce
fut alors qu'ils commencèrent à se repentir
réellement de leur désobéissance ; ils appe-
lèrent à leur secours, en jetant de grands cris,
mais vainement, la campagne était déserte, et
personne ne leur répondit. Ils se mirent à
pleurer.

Tout à coup une voix terrible retentit à leurs
oreilles, et leur cria : Méchants petits garçons,
vous ne voulez jamais écouter vos parents ;
tremblez ! je suis la Mère l'Hiver : vous ne
m'échapperez pas.

Cette voix et ces paroles les glacèrent d'épou-
vante ; alors ils virent se dresser devant eux
une grande femme, vieille, sèche et horrible à voir. Son haleine était plus forte et plus
froide que la plus grande bise ; ses jambes
et son corps étaient tout de glace ; elle n'avait
pour vêtement qu'une longue robe de neige
qui traînait bien loin derrière elle ; ses cheveux,
qui descendaient jusque sur ses talons, étaient
de givre.

A cette vue, Réné et Ramis effrayés voulurent s'enfuir, mais la mère l'Hiver souffla
sur eux à plusieurs reprises, et aussitôt le froid
les saisit, leurs dents claquèrent les unes contre
les autres, leurs membres s'engourdirent, et il
leur fut impossible de faire un pas. Ils se
virent perdus.

La Mère l'Hiver alors s'avança lentement
vers eux ; ils lui demandèrent grâce, mais elle
n'écouta rien, sa main osseuse, large et froide,
s'appesantit sur leurs têtes, et ils roulèrent sur
la neige ; puis elle continua son chemin, ré-
pandant partout dans les campagnes la froi-
deur de son haleine glacée.

Dès qu'on s'était aperçu au château de

l'absence de Réné et de Ramis, on s'était mis à
leur recherche. On suivit bien la trace de leurs
pas jusqu'à la porte du parc, mais comme la
nuit était arrivée, on la perdit entièrement, et
l'on fut forcé de rentrer au château sans avoir
rien appris sur leur sort.

Le lendemain les recherches recommen-
cèrent. On chercha une partie de la journée
sans succès ; la Mère l'Hiver, en passant, avait,
avec sa longue robe traînante, effacé toutes les
traces.

Enfin, on finit par les découvrir couchés
l'un près de l'autre, et presque entièrement
cachés sous la neige. La Mère l'Hiver les avait
fait mourir.

Leurs mamans les pleurèrent longtemps,
quoique leur mort ait été la punition méritée
par leur désobéissance.

LES ÉTRENNES.

I

Arsène et Marceline étaient frère et sœur. Arsène avait reçu de la nature les dons les plus précieux : un cœur extrêmement sensible, toujours prêt à partager la peine et la douleur des autres, une générosité bien entendue et surtout une grande modestie. Jamais il ne causa le plus léger chagrin à ses parents.

Marceline avait deux ans de moins que son

frère ; c'était une bonne petite fille aussi,
ayant un excellent cœur et beaucoup d'autres
belles qualités ; mais curieuse incorrigible, ce
vilain défaut ternissait tout ce qu'il y avait de
meilleur en elle.

Vainement sa maman avait cherché à la
corriger, rien ne pouvait vaincre sa curiosité,
qui, devenant pour elle une habitude, menaçait de lui causer un jour bien des désagréments.

Leurs parents les élevaient avec le plus
grand soin et ne négligeaient rien pour leur
donner une bonne éducation. Ils savaient, ces
bons parents, que de la première éducation
des enfants dépend le bonheur de leur vie
entière. Ils savaient aussi qu'il est très dange-
reux de les confier à toutes sortes de gens, et
qu'on ne doit se reposer sur d'autres, pour
les élever, qu'avec la plus grande réverve.
Leurs enfants avaient toujours été sous la direction de personnes entièrement sûres.

A huit ans, Arsène fut mis en pension ; son
papa préférant le mode d'enseignement que
l'on suit dans ces maisons à l'éducation parti-
culière dans la famille.

Il voulait que son fils s'habituât de bonne heure à une vie active et réglée, et le régime régulier que suivent les élèves dans les pensions répondait trop bien à ce qu'il voulait pour son fils, pour qu'il hésitât un instant à le placer dans un de ces établissements, recommandable, du reste, par sa bonne tenue, la science, la probité et la moralité du directeur.

Arsène se fit bientôt distinguer parmi les autres élèves; son assiduité au travail et son aimable caractère le firent aimer et chérir de tous ses maîtres.

II

Un jour de congé qu'il suivait en se promenant le sentier d'un petit bois, il rencontra une petite fille de son âge qui pleurait amèrement. Son cœur sensible fut ému, il s'approcha d'elle et lui demanda, d'un ton plein d'une tendre compassion, ce qu'elle avait.

La petite fille tourna vers lui ses yeux remplis de larmes et continua à pleurer sans lui répondre.

— Dites-moi quel est votre chagrin? Si je pouvais vous être de quelque secours.

La petite fille le regarda de nouveau, et s'apaisa un peu.

— Pourquoi pleurez-vous? lui dit-il.

— Je demeure tout près d'ici, répondit-elle en sanglottant, avec ma bonne maman qui a soin de moi depuis que mes parents sont morts. Mais il y a deux mois que bonne maman est malade et ne peut plus travailler; je suis forcée, pour ne pas mourir de faim, de venir ici tous les jours; les bons messieurs et les belles dames me donnent quelque chose pour bonne maman.

Aujourd'hui on ne m'a rien donné. Je ne puis retourner à la maison sans avoir du pain pour elle, et je pleure. Ce n'est pas tout, ajouta-t-elle, je ne sais comment faire; le terme de notre chambre n'est pas payé, et le propriétaire ne veut plus nous garder. Ah! si j'étais plus grande!... et ses pleurs coulèrent en abondance.

La douleur si vraie et le récit naïf de la petite fille avaient fait une forte impression sur Arsène; il resta un instant sans pouvoir cal-

mer son émotion ; enfin, tendant la main à
l'enfant : Voulez-vous, lui dit-il, me conduire
près de votre mère ?...

Je le veux bien, répondit-elle timidement.
Et ils se dirigèrent vers la maison qu'elle
habitait.

Arsène fut saisi d'horreur en entrant dans
une misérable mansarde ne recevant le jour
que par une étroite lucarne sans vitres et où
gisait, sur un peu de paille a demi cachée sous
des haillons, une pauvre femme pâle et dé-
charnée, telle que les poètes nous représen-
tent la misère. C'était bien la misère elle-
même qui s'offrait aux yeux du jeune
écolier.

Jamais pareil spectacle n'avait frappé ses
regards.

O mon Dieu ! s'écria-t-il, est-ce bien possible qu'il y ait des personnes aussi malheureuses !...

Et j'ai pu, jusqu'à présent, dépenser tant
d'argent en plaisirs inutiles, tandis que si près
de moi une pauvre femme mourait de faim et
faute de soins.

La malade, en voyant entrer sa petite-fille

suivie d'Arsène, se souleva péniblement sur son grabat et laissa échapper un mouvement de honte et d'étonnement.

— Monsieur a désiré vous voir, bonne maman, lui dit la petite fille en l'embrassant.

— Oui, madame, dit alors Arsène en s'approchant de la bonne femme, dont il prit la main ; j'ai voulu connaître votre position pour la soulager. Mes parents sont riches ; ils me donnent beaucoup d'argent, et je ne puis mieux l'employer qu'à soulager ceux qui sont malheureux ; et il lui donna sa bourse qui contenait plusieurs pièces d'argent.

La pauvre femme voulut refuser ce don.

— De grâce, madame, acceptez, dit l'aimable enfant ; laissez-moi goûter un instant de véritable plaisir.

La malade prit la bourse et versa des larmes de joie qui vinrent mouiller les mains du petit garçon.

— Ne vous découragez pas, continua-t-il, je reviendrai vous voir souvent, et vous ne manquerez plus de pain ; puis il sortit de la chambre, après avoir recommandé à la petite fille de venir le trouver de temps en temps à la pension pour lui donner des nouvelles de sa vieille mère.

III

Dès le lendemain, il alla lui-même trouver un médecin et le pria d'aller voir la malade.

Depuis quelque temps il amassait une petite somme dont il voulait s'acheter au jour de l'an un petit cheval à mécanique qu'il enviait beaucoup, mais il oublia bien vite le cheval et tous ses projets en pensant à la pauvre femme.

Il offrit cet argent au médecin pour le prix de ses visites, tout en lui demandant le secret.

Le médecin était un très honnête homme; il fut touché jusqu'aux larmes de la démarche de l'enfant, promit tout ce qu'il voulut, mais refusa d'accepter son argent.

— Non, mon ami, lui dit-il, permettez-moi de m'associer à votre belle action.

— Eh bien ! puisque vous le voulez, n'en parlons plus ; mais comme cet argent m'est

8.

inutile, prenez-le pour le remettre à cette pauvre femme.

Le médecin alla voir la malade le soir même, comme il l'avait promis à Arsène.

Au bout de trois semaines elle fut entièrement rétablie, grâce aux soins du médecin et à une nourriture fortifiante.

Cependant le propriétaire n'était pas payé et menaçait de mettre à la porte la vieille mère et sa petite-fille.

Que faire? Arsène n'avait plus d'argent, et il ne voulait pas en demander à ses parents qui auraient voulu connaître l'emploi qu'il en voulait faire.

Il avait une jolie montre d'argent que sa maman lui avait donnée, il la vendit et en donna le prix, qui était juste suffisant, au propriétaire pour ce qui lui était dû.

Bientôt la bonne femme put reprendre ses travaux, et la petite fille n'alla plus tendre la main aux bons messieurs et aux belles dames.

Arsène allait souvent la voir ; elle l'appelait son petit ange gardien, et ne savait comment lui prouver sa vive reconnaissance.

Le médecin lui tint parole ; il ne parla point de sa belle action, et elle fut ignorée de tout le monde, même de ses parents.

IV

On était à la veille du premier janvier, jour que vous aimez tous, mes chers amis, et que vous désirez ardemment ; car, ce jour-là, vous voyez vos parents, vous recevez leurs caresses, et puis, c'est le jour des Étrennes. Je vous vois frapper dans vos mains, à ce mot magique, *Étrennes*. Mais vous savez qu'elles sont la récompense des enfants sages et studieux, et lorsque ceux-ci voient arriver le jour de l'an avec joie, il en est d'autres qui ne sont pas sans inquiétude, car ils n'espèrent guère avoir les cadeaux de la nouvelle année.

On était donc à la veille du jour de l'an ; les parents venaient chercher leurs enfants à la pension pour passer quelques jours au milieu d'eux. On emmena Arsène dans la soirée ; il n'était pas sans avoir quelque inquiétude : ses parents allaient sans doute s'apercevoir de la disparition de sa montre ? Qu'allait-il répondre à cette question de sa maman : Où est ta montre ?

Certes, il n'était pas menteur, et cependant il chercha un instant le moyen de répondre sans découvrir la vérité, mais il repoussa bientôt loin de lui cette idée, tant était grande son horreur pour le mensonge.

Il résolut d'attendre sans y penser davantage.

Ses parents s'aperçurent, certainement, qu'il n'avait plus sa montre, pourtant ils ne lui en parlèrent point, ce qui l'étonna beaucoup.

V

Mes chers amis, vous avez tous entendu parler de la mère *Gigogne*, cette bonne vieille qui est chargée de vous distribuer les présents de la bonne année.

Ce jour-là on la vit paraître, comme d'habitude, chargée de joujoux de toutes sortes et entourée d'une foule de petits enfants à qui elle les distribuait, autant qu'ils les avaient mérités ; car la mère Gigogne ne se trompe jamais : elle connaît toutes vos actions, bonnes ou mauvaises; son petit doigt, qui sait tout ce que vous avez fait pendant l'année, ne manque pas de l'en instruire.

Parmi les enfants qui se pressaient autour d'elle, attendant leurs étrennes, se trouvaient notre jeune ami Arsène et sa sœur Marceline. Celle-ci n'était pas joyeuse comme toutes ses jeunes compagnes. Ses yeux baissés et son front couvert de rougeur disaient assez qu'elle n'espérait point avoir sa part des dons de la mère Gigogne.

Marceline savait qu'une petite fille curieuse et souvent babillarde ne doit pas espérer recevoir des étrennes.

Les enfants s'étaient rangés en cercle autour de la mère Gigogne, et ils s'approchaient d'elle les uns après les autres : lorsque ce fut le tour d'Arsène, la figure de la vieille sembla se rajeunir de cent ans, un doux sourire entr'ouvrit ses lèvres devenues roses, et l'on vit deux larmes de joie, brillantes comme des diamants, couler sur ses joues.

— Mon petit doigt sait tout ce que font les petits garçons en bien et en mal, lui dit-elle en l'embrassant, il m'a appris, mon cher Arsène, votre belle conduite, votre charité envers une pauvre femme vieille et infirme que vous avez arrachée à la misère. J'ai su par lui que l'argent que vous conserviez pour acheter un petit cheval à mécanique avait servi à nourrir cette pauvre femme et sa petite-fille ; que vous avez vendu votre montre pour payer un propriétaire impitoyable qui voulait les chasser de chez lui, et qu'enfant aussi modeste que généreux vous avez toujours gardé le silence sur toutes vos bonnes actions.

Continuez à agir ainsi et vous serez toujours heureux. On parlera de vous avec admiration, et vous servirez de modèle à tous les petits garçons qui, j'en suis sûre, voudront devenir aussi bons, aussi sages que vous.

En achevant ces paroles, elle lui donna un joli petit cheval blanc à mécanique, richement harnaché. Voilà, dit-elle, le cheval que vous désiriez, et elle ajouta, en lui présentant une magnifique montre d'or à répétition, entourée de rubis, sur laquelle on avait gravé ces mots : *Charité, Modestie*, voilà une montre pour remplacer celle dont vous avez fait un si noble usage.

Mes présents sont proportionnés au mérite des actions que l'on a faites.

La petite Marceline se présenta à son tour.

Mais la figure de la mère Gigogne devint très sombre : les larmes vinrent aux yeux de la petite fille, et la rougeur de la honte s'épaissit encore sur son front.

Que m'a appris mon petit doigt? s'écria la mère Gigogne avec une grosse voix. Petite curieuse !... vous écoutez aux portes pour entendre ce que l'on dit; vous regardez aux fenêtres pour voir ce qui se passe dans les maisons; vous cherchez à entendre ce qui se dit dans les conversations pour le répéter partout, et vous osez demandervos étrennes. Où sont toutes les belles promesses que vous m'aviez faites l'année dernière? Vous les avez bien vite oubliées. Croyez-vous donc que mon petit doigt allait s'endormir et ne pas m'avertir de votre mauvaise conduite.

Vous ne méritez encore rien cette année; cependant, j'ai pitié de vous. Tenez, ajouta-t-elle en lui présentant un joli petit coffre fermé dont elle lui donna la clef; voilà un coffret dans lequel sont renfermés des jou-

joux magnifiques ; mais, écoutez-moi bien :
pour vous punir de votre curiosité, je vous
défends de l'ouvrir d'ici un an, époque où
vous me le présenterez ; si vous oubliez ma défense, je saurai vous punir ; si, au contraire,
vous parvenez à enchaîner votre curiosité,
tous les joujoux qu'il renferme seront à
vous.

Puis, la mère Gigogne ayant achevé sa dis-
tribution, se transporta dans un autre quartier où elle ne tarda pas à être de nouveau
entourée de petits enfants.

Arsène ne se possédait pas de joie d'avoir sa
belle montre et son joli cheval blanc. Il ne
pouvait comprendre comment ce qu'il avait
fait pour la pauvre femme avait pu lui mériter
d'aussi belles étrennes ; son bon cœur ne lui
faisait voir, dans son action, qu'un sentiment
très naturel. Il savait que le devoir des riches
est de soulager la misère des pauvres gens, et
il ignorait que, dans le siècle où nous vivons,
quand chacun n'est sensible qu'à ce qui le
touche personnellement, ces sortes d'actions
ont un double mérite par leur rareté.

Pour la petite Marceline, elle mit son petit

coffre dans sa commode, et prit la ferme résolution de ne pas l'ouvrir et de vaincre sa curiosité, malgré l'envie qu'elle avait de voir
toutes les belles choses qu'il renfermait.

VI

Le lendemain, Arsène et Marceline, accompagnés de leurs parents, montèrent en voiture
pour aller déjeuner à la campagne. On s'arrêta devant une charmante maisonnette ap-
partenant à leur père. Ils y entrèrent et furent
reçus par une bonne vieille dame et une jolie
petite fille.

Arsène reconnut aussitôt, et non pas sans
être très étonné, ses anciennes connaissances :
la petite fille du bois et sa bonne mère.

Le père s'amusa un instant de l'étonne
ment de son fils.

Le petit doigt de la mère Gigogne, lui dit-il
enfin, m'a fait connaître la belle conduite de
mon fils, et j'ai voulu augmenter son plaisir
en mettant pour toujours ses protégées à l'abri
du besoin.

Mon fils serait-il mécontent de me voir partager ses plaisirs? ajouta-t-il.

Arsène se jeta au cou de son papa, qui le serra sur son sein avec bonheur. Il était trop heureux d'avoir un fils aussi digne de lui.

Arsène s'amusa beaucoup toute la journée à la campagne; le lendemain, il rentra à sa pension.

VII

La petite Marceline n'ouvrit point le petit coffre, quoiqu'elle eût mis plusieurs fois la clef dans la serrure, mais la crainte de déplaire à la mère Gigogne la retint toujours; enfin, elle s'observa si bien, qu'elle parvint à se corriger de sa curiosité; de sorte qu'à la fin de l'année, elle n'était plus du tout tourmentée par ce vilain défaut.

Elle parut devant la mère Gigogne avec assurance; celle-ci l'embrassa en lui disant qu'elle était contente d'elle; puis elle ouvrit le coffret qui n'était rempli que de petits cailloux blancs.

Vous voyez, dit-elle alors à Marceline, c'était une épreuve; je l'avais rempli de cailloux afin de punir votre curiosité si vous l'aviez ouvert; mais vous avez surmonté votre vilain défaut, et il est juste que vous soyiez récompensée.

Alors elle remplit le coffre d'une grande quantité de joujoux d'une rareté et d'une richesse incomparables, ce qui transporta Marceline de joie et lui fit comprendre pour la première fois combien il est doux de recevoir des récompenses méritées.

Elle était réellement corrigée de sa curiosité ; elle ne retomba plus dans cet affreux défaut, et elle fut, dans la suite, tout comme son frère, le bonheur de ses tendres parents.

LA CAMPAGNE.

A peine le mois de mai vient-il avec son beau ciel pur, son soleil radieux et ses douces brises, semer les fleurs dans nos prairies, grandir les moissons sur nos côteaux, jeter dans l'air les parfums enivrants des jolies fleurs de nos jardins, que la campagne, que l'on avait désertée à l'approche de l'hiver, tant on craint son formidable entourage de neige et de frimas, voit arriver des grandes villes des familles entières qui viennent s'y réjouir et respirer un air pur, embaumé, à l'ombre des grands chênes de nos forêts séculaires.

Quels plaisirs plus grands que les plaisirs champêtres?... Qui donc pourrait rester insensible devant les sublimes beautés de la nature?—Et qui donc, en voyant ses nombreux trésors, pourrait ne pas remercier Dieu à qui nous les devons?...

On aime voir les progrès de la végétation, les arbres se charger de fruits délicieux, les collines se couronner de nombreux épis jaunes et le raisin se pourprer d'abord, puis devenir transparent et prendre enfin sa belle couleur d'un noir velouté.

On aime entendre le chant joyeux des oiseaux, voir dans les prés bondir les poulains et les génisses autour de leurs mères et dans l'eau limpide des ruisseaux, les petits poissons blancs nager à la surface et offrir de temps en temps leurs brillantes écailles aux rayons du soleil.

M. et Madame de Roseille étaient venus passer toute la belle saison dans leur charmante propriété d'Oranville.

Ils avaient deux enfants, deux jolis petits garçons aux joues fraîches et roses comme la cerise, aux yeux animés, ayant continuellement le rire sur les lèvres et la joie au cœur.

Élevés sous l'œil de leurs parents, qui les entouraient d'une tendre affection, ils avaient déjà les premiers principes qui sont la base de toute bonne éducation : le cœur excellent, quelque chose de l'exquise amabilité de leur père, de la bonté et des douces vertus de leur mère.

On comprend qu'avec de bonnes dispositions, et se trouvant placés sous d'aussi favorables auspices, ils devaient posséder un jour les qualités qui font les jeunes gens parfaitement doués, et, plus tard, les hommes recommandables.

Ils avaient été élevés à Paris ; à Paris, où tant de misères se cachent ; au milieu d'un monde égoïste qui reste indifférent devant les plus grandes infortunes ! mais ils n'avaient point été gâtés par ce monde inhumain, et leur cœur avait conservé tous les bons sentiments qui existent primitivement chez tous les enfants.

A la campagne, comme à la ville, M. de Roseille régla l'emploi de leur temps. Il s'était donné la tâche, souvent pénible, de faire leur éducation ; homme éminemment instruit, il était capable de développer leur intelligence et de leur donner l'instruction convenable à deux jeunes gens nés dans une classe élévée de la société, et qui devait leur permettre de remplir dignement les postes qu'ils pourraient occuper un jour. Ce bon père puisait dans son amour pour ses enfants tout le dévouement qu'il faut avoir pour mener à bien une telle entreprise.

Madame de Roseille, du reste, le secondait merveilleusement, et les deux enfants, heureux de contenter leurs tendres parents, recevaient avec fruit les leçons de leur père, et laissaient leur cœur se pénétrer des douces vertus de leur mère.

Tous les soirs, M. de Roseille leur faisait une lecture instructive, ou leur donnait des explications sur les diverses questions qu'ils lui adressaient, en y mêlant quelques historiettes amusantes, afin de les intéresser davantage.

Chaque fois qu'ils sortaient, accompagnés le plus souvent par leur père ou leur mère, nos petits amis manifestaient leur naïf étonnement devant tout ce qui frappait leurs yeux; aussi s'empressait-on de satisfaire à leur curiosité.

Un jour, Victor, c'était l'aîné des deux frères, découvrit un nid de fauvettes dans un buisson de groseiller; il frappa joyeusement dans ses mains en voyant les cinq petits œufs qu'il contenait.

— Ah! papa, s'écria-t-il en accourant vers son père, viens donc voir. — Et il l'entraîna vers le buisson.

Charles partagea la joie de son frère. — Quels jolis petits œufs! nous allons les emporter avec nous. Et déjà sa main frémissante s'avançait pour saisir la pauvre couvée.

M. de Roseille lui retint le bras.

— Voyez-vous, mes enfants, voyez-vous cet oiseau qui voltige autour de nous? Entendez-vous ses cris d'angoisses? C'est la fauvette dont Victor vient de découvrir le nid; cette tendre mère n'a rien de plus précieux que sa couvée que tu veux lui ravir, Charles; c'est son espoir, son bonheur! elle aime ses œufs, qui bientôt lui donneront cinq petits, autant que votre mère vous aime. Pensez à la douleur qu'elle éprouverait, votre bonne mère, si elle devait vous perdre, et dites-moi si nous devons enlever les œufs de la fauvette.

Les deux enfants baissèrent les yeux en rougissant.

— Ah! papa, dirent-ils, la fauvette serait trop malheureuse; il faut lui laisser ses œufs.

Et tous deux s'éloignèrent immédiatement, en regardant la fauvette qui agitait ses ailes en signe de joie, et qui, sautant de branche en branche, revint se poser sur son nid.

— Très bien, mes enfants, vous m'avez compris, dit le père, et, pour vous récompenser, je vais vous dire sur ce sujet une fable qui, j'en suis sûr, vous fera plaisir.

L'HOMME ET LES PINSONS.

FABLE.

Déjà le mois de mai voyait fleurir les roses,
Et d'une aile légère un amoureux zéphir
Agitait doucement les jeunes fleurs écloses
Au soleil rayonnant sous un ciel de saphir.
Sur un pommier couvert d'une riche parure,
   Deux pinsons, loin du bruit,
    Avaient caché leur nid
   Dans une touffe de verdure.

Objet chéri de leur premier amour,
Ils l'entouraient de soins plus tendres chaque jour.
Cinq œufs s'étaient éclos sous l'aile de la mère,
Et déjà cinq petits, innocents et joyeux,
Auraient pu, sans danger, de la mère ou du père
 Suivre le vol capricieux.
Dès que l'aurore éclairait la nature,
Dans le vallon fleuri s'ébattaient nos pinsons,
 Puis tour à tour apportaient la pâture
  A leurs chers nourrissons.
Un jour, André, quittant le labourage,
 Le front ruisselant de sueur,
Hâtait le pas pour rentrer au village,
Où, près de ses enfants, il goûte le bonheur.
 L'air était pur, le ciel semblait sourire ;
 Un vent léger, soulevant les rameaux,
André, vit en passant le nid de nos oiseaux.
 Ah ! se dit-il, mes deux marmots vont rire :
 Près de ce nid ils vont jouer, danser ;
Par ce joli présent je vais récompenser
 Et leur sagesse et leur obéissance.
 Sur l'arbre il grimpe avec légèreté,
  Vers le nid il s'avance,
Sans penser qu'il va faire acte de cruauté.
Il évite le bruit et craint toute secousse ;
Tranquilles sur leur sort, hélas si peu certain !
Il voit les cinq petits sommeillant sur la mousse
 Et croit déjà les tenir dans sa main.
 Pourtant, la mère accourait avec joie,

Un insecte en son bec, précipitant son vol ;
Elle voit le danger, laisse tomber sa proie,
Pousse des cris plaintifs, rase, en volant, le sol ;
Remonte vers son nid, du regard le caresse,
S'éloigne, puis revient en redoublant ses cris.
   André la voit ; il s'arrête surpris,
  Son cœur s'émeut et comprend sa détresse ;
Il pense à ses enfants qui le rendent joyeux,
Et qu'il ne peut quitter sans être malheureux ;
    Puis, se laissant glisser à terre,
Pour tes petits, dit-il, ne crains plus tendre mère,
  Cesse tes cris, calme ton désespoir,
  Mes mains pour eux ne seront pas cruelles ;
Tu les verras bientôt, peut-être dès ce soir,
Te suivre dans les airs en y baignant leurs ailes,
Et je veux à mes fils redire avec bonheur:

Que l'amour d'une mère est un sûr protecteur.

Comme M. de Roseille achevait sa fable, un bourdonnement vint tout à coup frapper les oreilles des deux frères ; ils s'arrêtèrent étonnés, et Charles, le premier, aperçut suspendue à une branche de pommier une énorme grappe de mouches, et beaucoup d'autres qui volaient aux alentours.

— Vois donc papa, s'écria-t-il en reculant avec un certain effroi.

— Qu'est-ce donc que cela papa? demanda Victor.

— C'est un essaim de jeunes abeilles, répondit M. de Roseille.

— Des abeilles! elles n'ont donc pas de ruche? dit Charles.

— Bientôt elles seront recueillies, mes enfants; mais tenez, voici Joseph, notre jardinier, qui va s'en charger. Le jardinier arrivait en effet, la figure couverte d'un masque en fils de fer, et portant une corbeille de joncs dans laquelle, en secouant la branche du pommier, il fit tomber le plus grand nombre des abeilles; ensuite, il étendit un linge blanc sur la terre, y plaça la corbeille renversée, où bientôt, toutes celles qui volaient encore autour de l'arbre, entrèrent par une petite ouverture qu'on y avait ménagée.

— Papa, dit Victor, c'est étonnant, les voilà maintenant toutes sous la corbeille.

— Je voudrais bien savoir, ajouta Charles, pourquoi elles s'étaient attachées à la branche de cet arbre.

— Mes chers enfants, dit M. de Roseille, une ruche contient de vingt à trente mille

mouches à miel, qui se divisent en trois classes :
Les *mâles* ou bourdons, la *femelle* ou la reine,
et les *neutres*, appelées abeilles ouvrières.
Parmi ces dernières on distingue encore les
cirières, qui sont chargées d'aller recueillir le
suc des fleurs, avec lequel d'autres ouvrières,
appelées *nourrices*, construisent les alvéoles où
la femelle dépose ses œufs ou larves. Au bout
de cinq ou six jours l'œuf est éclos.

On a calculé qu'en deux mois la reine pouvait pondre douze mille œufs, et vous com-
prenez qu'avec une telle fécondité, la ruche
ne peut tarder à se trouver trop peuplée. Ce
n'est guère qu'à la fin de l'hiver que la femelle
commence sa ponte ; aussi, vers la fin du mois
de juin, une émigration est devenue nécessaire.

Alors une partie de la ruche, sous la conduite d'une reine, va s'établir ailleurs. Ce
sont ces abeilles que l'on appelle *essaim*.

Avant de prendre une direction, il s'arrête
généralement à une faible distance de la ruche,
soit sur un buisson, contre un mur, ou, le plus
souvent, comme vous venez de le voir, à une
branche d'arbre. C'est alors qu'il faut le re-

cueillir, sans cela on s'exposerait à le perdre ;
car, après cet instant d'arrêt, les abeilles re-
prennent leur vol, et vont à une distance con-
sidérable se réfugier dans un tronc d'arbre au
milieu d'une forêt, dans des trous sous terre
ou dans les crevasses de quelque vieux mur.

Les deux enfants avaient écouté attentivement cette courte explication, que leur père
avait rendue aussi claire que possible pour
la mettre au niveau de leur jeune intelligence.

C'est ainsi que chaque jour cet excellent
père faisait tourner à l'instruction de ses enfants leurs plus légères observations.

Un autre jour, ils étaient sortis avec leur
mère; le temps était magnifique; les jolis pa-
pillons aux ailes azurées voltigeaient heureux autour des jeunes fleurs ; on entendait
dans les hautes herbes le sifflement criard de
la verte cigale, et, dans les grands arbres, les
chansons joyeuses d'une infinité de petits oiseaux ; la prairie était couverte de travailleurs,
faucheurs et faneuses, et, de distance en distance, s'élevaient d'énormes meules d'herbe
séchée aux rayons ardents du soleil de juin.

Ils suivaient un sentier sur le bord d'un

charmant ruisseau bordé de saules et de peu-
pliers couronnés de branches nombreuses.

Tout à coup ils s'arrêtèrent devant une
vieille femme assise à l'ombre d'un vieux
saule, dont les branches arquées, traînant
jusqu'à terre, formaient une sorte de berceau
naturel.

— Est-ce toi, Nina? dit la vieille femme en
entendant marcher tout près d'elle.

Madame de Roseille et ses enfants s'a-
perçurent qu'elle était aveugle.

— Je ne suis pas la personne que vous attendez, ma bonne dame, dit Madame de Roseille.

— Je vous demande bien pardon, madame,
dit l'aveugle; mais voyez, et elle passa sa main
devant ses yeux.

— Vous êtes aveugle, vous devez être bien
malheureuse ?

— Ah ! madame, il faut se soumettre à la
volonté de Dieu.

— Vous avez sans doute des enfants qui
prennent soin de vous ?

— Je n'avais qu'une fille, madame, qui
avait beaucoup de prévenance et d'affection

pour moi; mais elle est morte il y a deux ans; heureusement qu'il me reste Nina, ma petite-fille; la chère enfant a le même cœur que sa mère : elle a pour moi les mêmes attentions.

— Y a-t-il longtemps que vous avez perdu la vue ?

— Je vous raconterais bien cela, madame, si je ne craignais pas de vous ennuyer.

— Au contraire, ma bonne dame, et j'ai avec moi mes deux enfants qui vous écouteront avec plaisir, car je lis sur leur visage qu'ils ont le désir de savoir comment ce malheur vous est arrivé. N'est-il pas vrai, mes enfants ?

— Oh ! oui, maman, dirent ensemble les deux petits garçons, et ils s'assirent, ainsi que leur mère, auprès de la vieille aveugle.

— J'étais allée un jour, dit la bonne femme, ramasser du bois sec dans le bois des Sorbiers, là-bas, de l'autre côté du village. Tous les pauvres gens d'Oranville y vont faire leur provision pour l'hiver; l'intendant de M. de Roseille le permet ; car son maître, qui est bon, fait tout ce qui dépend de lui pour le bien des

malheureux. Êtes-vous de cette contrée, madame ?

— Pas précisément, répondit Madame de
Roseille, mais j'y passe plusieurs mois chaque
année avec mes enfants.

— Oh ! alors, vous devez connaître M. de
Roseille.

— Je le connais très bien, dit madame de
Roseille en souriant.

— J'étais donc allée ramasser du bois sec ;
j'avais fait un énorme fagot, et je revenais avec
ma charge, quand tout à coup un orage
affreux éclata ; surprise par la pluie, je me ré-
fugiai sous un gros chêne ; les éclairs se succédaient rapidement, et le tonnerre grondait
d'une manière effrayante.

Cela dura quelques instants, puis je vis un
dernier éclair, et j'entendis un dernier coup
de tonnerre ; il venait de tomber sur l'arbre
même au pied duquel je me trouvais ; je fus
renversée sans connaissance. Quand je revins
à moi, j'étais sur mon lit, mes enfants m'avaient
retrouvée après l'orage ; hélas ! je les entendais,
mais je ne les voyais plus : j'étais aveugle.

La pauvre femme se tut. Madame de Roseille,

qui l'avait écoutée avec beaucoup d'intérêt, lui prit les deux mains et les serra dans les siennes.

— Vous avez dû bien souffrir ? lui dit-elle.

— Oui, madame, j'ai beaucoup souffert ; c'est un si grand malheur d'être privé de la vue, quand on est pas riche surtout, et que l'on a besoin de travailler.

— Allons, bonne mère, ayez bon espoir ; vous me parliez tout à l'heure de M. de Roseille ; il connaîtra votre position et il l'améliorera.

En ce moment la jeune Nina arriva.

— Approchez, mon enfant, lui dit madame de Roseille, voyant qu'elle se tenait à distance.

Nina salua madame de Roseille et vint embrasser sa vieille grand'mère.

— Tu es restée bien longtemps, mon enfant ; je craignais qu'il te fût arrivé quelqu'accident.

— C'est que je suis restée un peu avec papa, répondit la petite fille.

— Son travail avance-t-il ?

— Oui, bonne maman, et il rentrera de bonne heure ce soir.

— Il pourra au moins se reposer, ce bon Jacques; c'est notre seul soutien, madame, ajouta la bonne femme en s'adressant à madame de Roseille.

— Maman, si vous le voulez, nous allons rentrer, dit la petite Nina; dans votre grand fauteuil vous serez mieux qu'ici.

— Oui, mon enfant, rentrons.

— Nous allons vous accompagner jusqu'au village, dit madame de Roseille; puis elle l'aida à se lever et lui donna son bras pour la conduire.

Les deux petits garçons marchèrent devant avec Nina, qui sut bientôt s'attirer leur amitié.

On ne se sépara que devant l'habitation de la pauvre femme.

Madame de Roseille, qui ne s'était pas fait connaître à elle, lui promit de nouveau que M. de Roseille améliorerait sa position.

A peine rentrés au château, les deux enfants racontèrent à leur père l'histoire de la vieille aveugle. M. de Roseille leur promit d'aller la voir le lendemain avec eux.

La bonne femme avait appris qu'elle avait eu l'honneur de parler à madame de Roseille elle-même et à ses enfants.

M. de Roseille s'informa de sa position, et, dès le lendemain, il lui fit passer, par l'intermédiaire de Charles et de Victor, tout ce dont elle pouvait avoir besoin.

Les deux enfants allèrent tous les jours passer une heure ou deux près d'elle, et, lorsque Nina était occupée par les soins du ménage, ils se faisaient une véritable joie de la conduire en la soutenant chacun par un bras.

Lorsque les beaux jours de l'été furent passés M. de Roseille songea à revenir à Paris; mais, avant de quitter Oranville, il ménageait un nouveau plaisir à ses charmants enfants.

L'intendant du château était devenu très vieux et ne pouvait presque plus s'occuper des intérêts de son maître. M. de Roseille, pour le récompenser de ses bons services, lui fit une pension et lui donna un logement au château.

Jacques, le père de la petite Nina, le soutien de la grand'mère aveugle, fut nommé intendant à sa place.

Nos petits amis ne quittèrent Oranville
qu'après l'avoir installé au château, et heureux de voir leur vieille amie pour toujours à
l'abri du besoin.

LE PALAIS DES SOLEILS.

I

Il existait autrefois, dans une grande ville de l'Hindoustan, un marchand très riche qu'on appelait Alcior.

Il avait deux fils. Eola, l'aîné, avait la plus jolie figure qu'on puisse voir ; mais les qualités de son cœur ne répondaient pas aux avantages qu'il avait reçus de la nature ; son père, qui l'aimait à la folie, pensait lui céder un jour sa

maison, et lui donner toutes ses richesses, au
détriment de Corion, son autre fils, qu'il dé-
testait autant, peut-être plus qu'il aimait Eola.
Cette préférence marquée du père pour l'aîné
de ses enfants venait de ce que Corion n'était
pas doué des mêmes avantages physiques que
son frère.

Sa santé était délicate; son corps, chétif et
mal proportionné, se courbait sous le poids de
sa grosse tête, comme une jeune tige chargée
de son fruit s'incline au souffle léger du vent.

Le malheureux état de cet enfant, qui aurait
dû lui faire trouver dans son père de la bien-
veillance, ne servait qu'à le faire repousser
par lui, comme un être inutile et qui lui faisait
horreur.

Comme moi, mes chers lecteurs, vous vous
récriez contre la barbarie de ce mauvais père.
Eh! bien, il existe encore aujourd'hui des parents assez dénaturés pour ne pas aimer également leurs enfants, ou qui abandonnent à
leur malheureux sort de pauvres petits infirmes
qui n'ont cependant qu'eux pour les protéger.

Ils ignorent, ces pères et ces mères, les
devoirs qu'ils ont à remplir envers leurs enfants,

et qu'un jour ils auront à en rendre compte devant Dieu.

Corion était devenu craintif à l'excès; il n'osait se trouver en face de son frère. Eola, du reste, justifiait bien cette crainte; il ne pouvait sentir le pauvre enfant, et, certain de ne pas être réprimandé par son père, il allait jusqu'à le frapper; il lui arrachait les cheveux et lui égratignait le visage.

Souvent Corion passait des jours entiers caché dans un coin du magasin, derrière quelques ballots de marchandises.

II

Telle fut à peu près l'existence de Corion pendant ses huit premières années. A le voir, on n'aurait jamais cru que, dans cet enfant maladif, battait un cœur aimant et généreux, une âme capable d'avoir des sentiments élevés. Corion, cependant, si disgracié du côté des charmes extérieurs, était admirablement doué de toutes les qualités précieuses du cœur et de l'esprit.

Lorsqu'il atteignit l'âge où l'enfant com-

10

mence à raisonner, il s'aperçut facilement de l'aversion qu'il inspirait à son père et à son frère, et en comprit le véritable sujet. Cette découverte lui causa un chagrin sensible; le pauvre enfant n'y trouvait pas de remède.

Il essaya pourtant de faire oublier ses défauts naturels par sa soumission et son amabilité. Hélas! il ne sut point se faire comprendre; sa soumission fut considérée comme une lâcheté, et son amabilité, qu'on trouvait insupportable, le faisait repousser encore plus cruellement par les seules personnes auxquelles il demandait un peu d'affection.

Son caractère, naturellement doux, sans s'aigrir cependant, devenait ombrageux et sauvage; il recherchait la solitude, et ne se trouvait heureux que lorsqu'il était seul avec ses jeunes pensées.

Cette habitude de rêver qu'il contracta, développa singulièrement ses facultés intellectuelles, et s'il eût pu communiquer ses pensées, on aurait été très étonné par ses raisonnements.

Alcior avait donné toutes sortes de maîtres à son fils Eola.

Corion, avide d'apprendre et de connaître,

témoigna le désir de suivre leurs leçons ; mais son père, toujours guidé par sa malheureuse prévention, le repoussa avec dédain et lui défendit d'entrer dans la salle des études.

Corion en ressentit une vive douleur. Il résolut d'apprendre seul ce qu'on lui refusait avec tant de cruauté ; mais, sans guide et sans aucune des connaissances préliminaires, il dut renoncer bientôt à son entreprise. Dès lors, le découragement s'empara de lui ; mécontent des hommes, qu'il aurait voulu aimer, mécontent de lui-même, son caractère devint encore plus sauvage. Il quittait la maison de son père le matin, sortait de la ville, courait toute la journée dans la campagne, et ne rentrait que le soir.

Cette vie active et vagabonde eut pour lui le bon résultat de changer peu à peu l'état de sa constitution ; ses membres se développèrent rapidement et acquirent une force, une agilité incroyables. On ne reconnaissait déjà plus ce pauvre enfant chétif que quelques années auparavant on avait condamné à mourir.

III

Un jour, se trouvant fatigué à la suite de
son excursion habituelle, il s'étendit sous un
grand arbre et dormit profondément. En s'é-
veillant, il fut assez surpris de voir à quelques
pas de lui un homme assis à l'ombre du même
arbre, et qui paraissait absorbé par la lecture
d'un gros livre qu'il tenait sur ses genoux.
C'était un beau vieilllard à l'œil vif et étince-
lant; sa longue barbe blanche, ses joues couvertes de rides profondes, lui donnaient un air
imposant qui commandait le respect. — Ce
vieillard est un savant, pensa Corion, et il
s'approcha de lui timidement. — Le vieillard
leva les yeux et lui sourit. — Ton sommeil,
dit-il, a été calme comme celui d'un enfant au
berceau. Tu es heureux?

Corion baissa les yeux et devint triste. —
Ah! tu souffres mon ami, reprit le vieillard;
tu commences de bonne heure l'apprentissage
de la vie. Mais rejouis-toi, les récompenses,
dans un autre monde, sont proportionnées aux
souffrances de celui-ci. Quel est ton chagrin?

— Mon père et mon frère ne m'aiment pas, dit Corion.

— Il faut t'en consoler, mon ami, en les aimant beaucoup.

— Oh! je les aime de tout mon cœur. —

— Nous sommes sur la terre pour nous aimer; celui qui n'accomplit pas ce devoir, méprise le précepte du grand maître de l'univers: *Aime ton prochain comme toi-même.* Au jour du triomphe il sera exclus du nombre des heureux. N'as-tu que ce chagrin? — Non, dit Corion, je voudrais étudier, devenir savant, et je n'ai pas de maîtres.

— Tu es intelligent, ton désir est louable, je serai ton maître.

Corion se mit à genoux devant le vieillard, et lui baisa les mains.

IV.

A partir de ce jour, Corion prit chaque matin sous le grand arbre les leçons du vieillard. Le maître était enchanté de son élève; l'élève était docile, attentif et respectueux; il considérait son maître comme un homme

10.

aimé du ciel. Corion lui avait raconté tout ce qu'il avait eu à souffrir dans son enfance. Le sage vieillard avait pleuré, et lui avait dit en l'embrassant : Tu seras mon fils. En étudiant le caractère de son élève il avait reconnu la bonté de son cœur, la sensibilité de son âme.

Corion, ne pouvant montrer son amour pour son père, s'en était dédommagé en le reportant sur la nature entière, dont il était devenu l'enfant adoptif; il était le protecteur des créatures trop faibles pour se défendre contre les attaques d'ennemis plus grands ou plus méchants qu'elles. Il eût craint d'écraser un papillon sous son pied, n'aurait jamais osé dénicher un nid, et n'eût pas voulu, pour tout au monde, effeuiller une simple fleur des champs.

Il considérait toutes choses créées par Dieu, comme sa gloire, les ornements de la terre, et ne croyait pas avoir le droit d'y toucher.

Deux ans s'étaient écoulés depuis qu'il prenait les leçons du savant Néir, c'était le nom du vieillard, et il était déjà très fort dans toutes les sciences. Il put en donner une preuve un jour devant son père, en discutant avec un des

maîtres d'Eola, et lui prouvant, clair comme
le jour, qu'il était un ignorant.

Alcior fut confondu de l'audace de son fils,
et ne put lui pardonner d'être supérieur à son
frère. Son orgueil mal placé s'en révolta, et il
résolut de se débarrasser de lui en l'envoyant
dans une ville fort éloignée, chez un de ses
confrères. Corion ayant appris le projet de son
père, et ne voulant pas quitter son maître qu'il
aimait plus que tout au monde, quitta la maison et se rendit près du vieillard, qui pleura
de joie. Il l'installa dans la maisonnette qu'il
habitait au milieu d'un petit bois, et lui dit: Tu
es mon fils.

V.

A une assez grande distance du lieu qu'habitait Néir, il y avait un palais magnifique
dont on racontait mille choses merveilleuses.
On ne pouvait cependant rien dire de certain
sur ce séjour féérique, car il n'était pas à la
connaissance d'un seul homme qu'on ait jamais
pu en approcher de moins d'une lieue.

Les vieillards disaient qu'il avait été habité

autrefois par un génie très puissant qui y était resté dans l'exil pendant plusieurs siècles, et qu'en le quittant, il l'avait confié à la garde d'êtres surnaturels soumis à ses ordres.

On l'appelait le Palais des Soleils, sans doute parce que de toutes ses faces jaillissaient des rayons lumineux comme ceux du soleil.

Ce génie avait écrit ces mots sur une table de marbre : « Le Palais des Soleils et les ri- » chesses qu'il renferme appartiendront au » premier jeune homme de dix-huit ans qui » pourra y entrer.

» Chaque année, tant que durera la troisième » lune, on pourra tenter de s'en rendre maître. » Celui qui réussira, attendra jusqu'à la fin de » la quatrième lune, qu'une jeune fille de seize » ans ait pu, comme lui, entrer dans le palais. » Alors il devra l'épouser ou lui donner pour » dot la moitié des richesses du palais. »

Tous ces détails étaient connus depuis long- temps, et chaque année des milliers de jeunes gens avaient tenté les épreuves, mais aucun n'a- vait pu parvenir seulement à la première cour.

Quels moyens fallait-il mettre en usage? On l'ignorait.

Un grand roi ayant voulu le prendre d'assaut avec une forte armée, ses soldats furent aveuglés par l'éclat des soleils, et forcés de se retirer.

Cependant un jeune homme devait un jour y arriver, et les générations se succédaient dans l'attente de cet événement.

VI

La lune touchait à sa fin; de toutes les parties du globe une foule de seigneurs, des princes, des rois même étaient accourus pour tâcher de conquérir le superbe palais.

Néir était absent depuis huit jours. Où était-il? Corion l'ignorait.

En l'absence de Néir, il passa son temps à chasser.

Un soir, comme il revenait à la maisonnette, il rencontra une vieille femme étendue sans connaissance sur la terre; il fut touché de son déplorable état, et prit dans sa gibecière une bouteille de liqueur dont il lui fit avaler quelques gouttes. La bonne femme revint à elle.

— Vous êtes bien fatiguée, lui dit-il; je vais

vous offrir mon bras pour vous conduire à
votre demeure.—Vous êtes trop bon, mais je
craindrais de vous détourner de votre chemin.

— Oh! non, je reste tout près d'ici.

— On vous attend peut-être. — Non, personne ne m'attend, et il aida la pauvre femme
à se lever; elle s'appuya sur son bras, et ils se
mirent en route. Au bout d'une demi-heure
ils arrivèrent à sa demeure. Une belle jeune
fille vint à leur rencontre. Elle salua Corion
avec une grâce charmante, et embrassa la
vieille femme. J'étais bien inquiète, dit-elle.

— Oui, j'ai été longtemps à rentrer, Myrtha ;
c'est si loin la ville; et elle lui raconta comment elle s'était trouvée mal, et comment
Corion l'avait secourue. — Aussi, pourquoi ne
veux-tu pas que je t'accompagne, s'écria la
jeune fille.

— Tu sais bien que tu dois rester cachée
jusqu'au jour...

— C'est vrai, je l'oubliais, dit Myrtha en
embrassant de nouveau la bonne femme.

Corion se tenait à l'écart, et regardait avec
admiration la charmante jeune fille. — Myrtha
s'approcha de lui. — Vous êtes bon, lui dit-

elle, vous avez sauvé ma bonne vieille mère, merci.

Et elle baissa les yeux en rougissant ; elle avait remarqué l'admiration qu'elle causait au jeune homme.

Corion prit congé de la bonne femme et de Myrtha, et revint à la maisonnette. Toute la nuit il eut devant les yeux l'image gracieuse de la belle jeune fille ; il éprouvait un plaisir infini en pensant à elle. Corion, dont nous connaissons le cœur aimant, aimait déjà ardemment la jeune Myrtha.

Le lendemain et les jours suivants, il rendit visite à ses deux nouvelles amies, et bientôt une douce intimité régna entre eux.

Les yeux de Corion avaient dit à Myrtha combien il l'aimait, et la jeune fille, avec un sourire d'ange, lui avait répondu dans le même langage, combien elle en était heureuse.

VII

C'était le vingt-sixième jour de la lune ; en rentrant le soir à la maisonnette, Corion trouva Néir qui l'attendait. Le vieillard était triste ; il pleurait. — Qu'as-tu mon père? dit Corion; je veux partager ton chagrin. — Tu ne pourrais me soulager, mon fils. — Dis-moi, du moins, pourquoi tu pleures. — Et quand tu le saurais, puisque tu n'y peux rien. — Vous avez séché mes larmes, père, pourquoi ne sécherais-je pas les vôtres? — Tu as un cœur d'or, s'écria le vieillard en l'attirant sur son sein. Oui, ajouta-t-il en l'embrassant, tu sauras mon histoire; elle n'est pas longue. Écoute :

Je n'ai pas toujours été l'obscur Néir; j'ai commandé à un peuple nombreux, j'étais roi d'un grand royaume. J'avais trois fils pour soutenir mon trône et faire respecter ma puissance. Mon épouse adorée, en mourant, m'avait laissé une charmante petite fille, un ange comme elle; je lui donnais tous mes soins.

Je m'étais entouré de ministres sages et éclairés; aidé de leurs conseils, je gouvernais sagement mon peuple, qui jouissait d'une paix tranquille et d'une heureuse prospérité.

Notre richesse éveilla l'envie et la jalousie des rois mes voisins; ils se liguèrent contre

moi, et envahirent mes états avec une armée
formidable. Je n'entretenais que peu de soldats pour ne point surcharger mes sujets. Mes
fils se mirent à leur tête afin de repousser
l'invasion ; mais mon armée fut complétement
détruite dans une bataille, et mes enfants, qui
combattaient pour la défense de leur père et
de leurs droits, écrasés par le nombre, tombèrent percés de coups, morts sur le champ
de bataille.

Quand j'appris cette terrible nouvelle, l'ennemi était déjà aux portes de ma capitale.
Mes amis fidèles parvinrent à me sauver, mais
ma fille chérie, mon dernier enfant, tomba
au pouvoir de mes ennemis.

La mort dans l'âme, je sortis de mon
royaume, sans permettre à aucun de mes serviteurs de me suivre. J'arrivai dans ce lieu. Cette
maisonnette était habitée par un savant homme ;
il connaissait tous mes malheurs, et je reconnus
bientôt qu'il avait une science surnaturelle.
Il mourut deux ans plus tard.

Avant de mourir il me promit que je re-
verrais ma fille, et que je rentrerais dans mes
États ; mais que cela n'arriverait que lors-

qu'un jeune homme aurait été trouvé digne
d'entrer dans le palais des Soleils.

J'attends depuis douze ans l'accomplisse-
ment de cette promesse, continua Néir; hélas !
je deviens vieux, et je perds l'espoir.

Cette année, comme les précédentes, nul
n'a pu entrer dans le palais.

Néir avait achevé son histoire, Corion était
plongé dans une profonde rêverie ; il venait
de former le projet de conquérir le merveilleux palais. — Père, reprends courage,
dit-il au vieillard en l'embrassant; puis il se
retira.

VIII

Le lendemain, dès que le jour éclaira la
cime des grands arbres, Corion sortit sans bruit
de la maisonnette, et se dirigea vers le Palais
des Soleils. Il était midi lorsqu'il arriva dans
une vaste plaine où se trouvait une foule
nombreuse de jeunes gens de tout âge et de
toutes conditions. Corion se mêla à un groupe
où régnait une grande agitation. Il vit un petit
homme, assez mal bâti, qui faisait des contor-
sions grotesques en poussant des cris sauvages.

Il avait la figure couverte d'un masque rouge,
attaché derrière sa tête par deux chaînes en
fer. Otez-moi ce masque maudit, ayez pitié de
moi, disait-il à ceux qui l'entouraient; je vais
mourir. Et les jeunes gens, au lieu de s'appi-
toyer sur son sort, répondaient à ses lamenta-
tions par de grands éclats de rire; Corion
s'approcha du petit homme et lui ôta son
masque.

Il ne fut pas plutôt délivré qu'il se sauva à
toutes jambes, laissant son masque entre les
mains de Corion. En l'examinant, il lut ces
mots à l'intérieur : Mets ce masque, et marche
vers le palais. Corion fut très surpris, mais,
sans hésiter, il plaça le masque sur sa figure,
et marcha résolûment vers le palais, au grand
ébahissement de la foule.

Il arriva à la première cour; elle était
fermée par une énorme porte d'or. Le masque tomba de lui-même, et Corion put con-
templer à son aise le superbe palais ; les rayons
du soleil passaient au-dessus de sa tête, et ne
frappaient plus son visage.

Comment pourrai-je ouvrir cette porte, se
demanda-t-il ?

Alors il vit une énorme couleuvre qui, la bouche enflammée, poursuivait une petite grenouille verte. Il courut sur la couleuvre et lui écrasa la tête. La grenouille vint à lui en sautillant; elle tenait une petite clef d'argent dans sa bouche, et elle la déposa dans la main de Corion.

Le jeune homme s'avança vers la porte, l'ouvrit aussitôt, et traversa la première cour.

A la porte de la seconde, il entendit le cri d'un petit grillon, puis il le vit sortir du mur; au même instant un lézard jaune s'approchait doucement, s'apprêtant à le happer; mais Corion prit le lézard et le jeta loin de lui. Le grillon délivré alla se cacher sous une pierre. Corion, devinant l'indication qui lui était donnée, souleva la pierre et fut enchanté en y trouvant une nouvelle clef; c'était celle de la seconde cour.

Il s'avança vers un escalier en marbre blanc qui conduisait à la porte du palais, mais il fut arrêté à la vue d'un pauvre homme, couché sur le dos, les membres attachés avec de gros liens.

Délivrez-moi, délivrez-moi, criait-il. — Corion voulut le débarrasser, mais il ne put y arriver.

—Voyez cette épée suspendue à cet arbre, dit le malheureux ; elle seule peut couper mes liens. Corion s'élança pour la prendre ; aussitôt, des flammes sortirent de terre et entourèrent l'arbre d'une ceinture de feu. Le jeune homme recula, mais il entendit un cri de douleur du prisonnier, et il se jeta au milieu des flammes. Lorsqu'il fut près de l'arbre, le feu s'éteignit, et l'épée tomba dans sa main.

Il revint près du pauvre homme et le délivra.

Alors toutes les portes du palais s'ouvrirent, et, de l'intérieur, on entendit une musique délicieuse.

Un homme, portant un trousseau de clefs sur un plat d'or, s'avança au-devant de Corion, et les lui remit en le saluant maître du Palais des Soleils.

IX

Corion entra au palais par la grande porte d'honneur.

Conduit par l'intendant, il traversa une large galerie où il reçut l'hommage de ses serviteurs, qui s'inclinaient devant lui, en disant : Gloire à notre maître. Il visita ensuite les appartements. Les murs étaient recouverts d'un bois précieux semé d'étoiles d'or ; les meubles en bois plus rare encore, garnis de soie fine, étaient ornés de sculptures d'une beauté, d'une délicatesse, d'un fini admirables ; des draperies en fils d'or et d'argent les couvraient.

La bibliothèque contenait tous les livres connus jusqu'à ce jour, les manuscrits les plus précieux.

Dans la salle d'armes avaient été rassemblés tout ce que l'Asie, l'Europe et l'Afrique avaient produit de plus parfait. — Corion visita successivement toutes les salles. C'était partout le même luxe dans les décors : il suivit la grande galerie des peintres, où il admira les chefs-d'œuvre de tous les grands maîtres.

Néir sera content, Néir sera heureux, se disait-il ; il reverra sa fille. Il pensait aussi à Myrtha, et la joie éclatait sur son front. N'était-ce pas pour eux qu'il avait conquis le Palais des Soleils ?...

Corion fut conduit dans la salle à manger.
Un dîner magnifique y fut servi. Le service
était en or ciselé, aux chiffres de Corion. —
Après avoir mangé, il appela l'intendant.

— Je voudrais, lui dit-il, faire venir ici
Néir, mon père adoptif. Ne puis-je l'envoyer
chercher?

— Non, seigneur, car le palais n'est pas
encore accessible à tout le monde, répondit
l'intendant.

— Faudra-t-il donc que j'attende longtemps?

— Jusqu'au cinquième jour de la prochaine
lune.

Cependant Néir, en se levant avait été très
surpris de ne pas voir Corion; il l'attendit
jusqu'à midi, et, ne le voyant pas paraître, il
devina qu'il était allé du côté du Palais des
Soleils. Une joie vive pénétra son cœur, et il
se mit à espérer. Le soir, comme il se promenait aux environs de la maisonnette, il fut
abordé par un tout petit homme blond. —
Vous désirez quelque chose? demanda-t-il à
Néir. — Oui, je voudrais avoir des nouvelles
de mon élève. — Corion est au Palais des So-

leils, où il vous attend dans huit jours, dit le petit homme, et il s'éloigna.

Néir poussa un cri de joie, et dit : Le ciel m'aime encore.

X

On était au cinquième jour de la lune ; une jeune fille, un bouquet de fleurs blanches à la main, s'avançait vers le palais. Chose étrange ! à mesure qu'elle approchait, les rayons éblouissants des soleils reculaient devant elle ; cette jeune fille, ouvrant ainsi le passage, une foule nombreuse marchait derrière elle. Au premier rang, on remarquait Néir, rajeuni de vingt ans. — Corion, entouré de ses serviteurs, vint pour recevoir la jeune fille sur l'escalier d'honneur. — Myrtha, s'écria-t-il en la reconnaissant.

— Corion, c'est vous, dit Myrtha, je suis bien heureuse.

Corion embrassa Néir et la bonne vieille, compagne de Myrtha ; puis il prit la main de la jeune fille, et tous quatre entrèrent au palais.

L'intendant les conduisit dans la salle du Génie, que Corion n'avait pas encore visitée.

— Attendez ici quelques instants, leur dit-il, et il se retira.

Au bout de quelques minutes, une portière se souleva, et un vieillard majesteux s'avança au milieu de la salle. — Blanchis! s'écria Néir en allant à lui; je vous croyais mort. Le Palais des Soleils est conquis; reverrai-je ma fille, comme vous me l'avez promis? — Néir, répondit Blanchis, je ne suis pas mort; le Génie ne meurt pas; tu as attendu longtemps le bonheur; mais le reste de tes jours sera heureux. Ta fille est devant toi, Néir; embrasse Myrtha, la fiancée de Corion; c'est elle. Néir prit Myrtha dans ses bras et l'embrassa avec ivresse. Myrtha lui rendit ses caresses en pleurant de joie; elle était si heureuse de revoir son père! — Néir se retourna pour parler encore à Blanchis, mais le vieillard avait disparu. Tout à coup on entendit sonner de la trompette; des cris joyeux s'élevaient autour du palais.

— Seigneur, dit l'intendant qui entra, s'adressant à Corion, un corps d'armée vient de s'arrêter devant le palais, et le général, accompagné de deux ambassadeurs, demande à vous parler. — Faites-les entrer, dit Corion, je les recevrai dans la salle d'honneur.

Ces ambassadeurs étaient deux anciens ministres de Néir; ils étaient envoyés par le peuple vers le roi exilé pour le ramener dans son royaume.

Lassés d'obéir à des étrangers, les sujets de Néir s'étaient révoltés, avaient chassé les ennemis de leur roi, et conquis leur indépendance. Alors ils s'étaient souvenu de leur prince et lui avaient envoyé deux de ses fidèles amis pour lui rendre sa couronne.

Néir versa des larmes au souvenir de son peuple; mais il ne voulut point partir avant le mariage de la princesse sa fille et de Corion, qui eut lieu quelques jours après.

Corion habita son palais pendant plusieurs années; il dut le quitter à la mort de Néir, car il fut appelé à lui succéder.

Cependant Alcior avait appris que son fils était devenu le maître du Palais des Soleils; il se repentit de l'avoir traité avec tant de dureté. Eola, son fils bien-aimé, mourut étouffé par la jalousie, en apprenant cette nouvelle.

Triste exemple pour ceux qui ne peuvent voir sans chagrin le bonheur qui arrive aux autres.

Alcior était cruellement puni.

Corion, oubliant les mauvais traitements de son père, lui offrit de venir vivre avec lui. Mais ce père malheureux, ne se croyant plus digne de l'affection de son fils, ne voulut point accepter cette offre.

Je passerai le reste de mes jours dans l'isolement, répondit-il à Corion ; je veux me punir pour ne pas t'avoir aimé ; mais avant ma mort, la seule grâce que je te demande, c'est de venir m'embrasser et recevoir ma bénédiction.

POÉSIES ENFANTINES.

A MA SOEUR

Le jour de sa première communion.

———

Il est un jour où règne l'allégresse,
Un jour que Dieu surtout aime bénir,
Jour radieux, dont jusqu'à la vieillesse
Le cœur conserve un ardent souvenir.

Ce jour est saint, tout rempli de mystère;
Il donne à l'âme un doux ravissement,
Et, l'enlevant aux choses de la terre,
Jusques au ciel la porte doucement.

C'est dans ce jour que le Dieu qui nous aime,
Quand dans nos cœurs a retenti sa voix,
Avec amour, dans sa bonté suprême,
Se donne à nous pour la première fois.

Ma sœur ! pour toi, ce beau jour vient de naître ;
Qu'un plaisir pur s'empare de ton cœur ;
Ah ! sois heureuse, enfin de le connaître,
Le Dieu puissant qui donne le bonheur !

Sur ton front brille une blanche couronne,
Sœur ; sois toujours digne de la porter ;
Que sa blancheur dans ton âme rayonne,
C'est un emblême : il faut le mériter.

Sache garder ton aimable innocence,
Et le Seigneur saura te protéger.
Dans cette vie, où tout n'est que souffrance,
N'est-ce pas lui qui peut nous soulager ?

Autour de toi, vois paraître la joie,
Sur chaque front rayonner le bonheur !...
De ce beau jour l'appareil se déploie
Pour t'annoncer sa sublime grandeur.

Avec tendresse une mère chérie
Veille sur toi, son trésor, son espoir.
Regarde-là, comme elle est attendrie !
Elle est heureuse et fière de te voir !

Ne vois-tu pas se mouiller sa paupière ?
Heureuse enfant, laisse couler ses pleurs.
Larmes d'amour, pour Dieu c'est la prière
Portant vers lui le langage des cœurs.

Devant l'autel, le bon prêtre s'incline ;
Il est ému : son âme vole aux cieux.
Pour apporter la parole divine
Dont il répand les trésors précieux.

De jeunes voix chantent à la louange
De l'Éternel des cantiques d'amour.
Chante, ma sœur, chante, car ton bon ange
Porte tes chants au céleste séjour.

Dans l'existence, entre l'âme joyeuse ;
Tu vas bientôt parcourir son chemin ;
Marche sans crainte : oui, tu seras heureuse :
De bons parents te donneront la main.

19 Avril 1857.

LA FÊTE DE MARIE.

La Vierge est ma patronne,
On la fête en ce jour ;
Pour nous elle est si bonne !
Donnons-lui notre amour.
Elle aime qu'on la prie,
Son nom remplit les cœurs.
Pour en parer l'image de Marie,
Je veux tresser des couronnes de fleurs.

Chantons sous la verdure
Pour elle un chant joyeux,
Qu'un doux vent le murmure.
Près d'elle, dans les cieux,
Et puis dans la prairie,
Brillante de couleurs,
Pour en parer l'image de Marie,
Je veux tresser des couronnes de fleurs.

Bénissez, bonne mère,
Vos enfants à genoux ;
Un jour, quittant la terre,
Nous irons près de vous
Dans la belle patrie
Où vous séchez les pleurs.
Pour en parer l'image de Marie.
Je veux tresser des couronnes de fleurs.

LA BERCEUSE

AU PRINCE IMPÉRIAL.

Charmant enfant, repose,
Ton sommeil sera doux ;
Sur sa bouche de rose,
Ris heureux, venez tous.

Des gloires éternelles,
Du séjour le plus beau,
Un ange aux blanches ailes
Veille sur son berceau,

Bercez, bercez,
Petits anges des cieux,
Bercez, bercez
L'enfant aux blonds cheveux.

Le vent léger qui passe
Vient parfumer les airs ;
Les oiseaux dans l'espace
Achèvent leurs concerts.
Le repos te convie,
Dors, enfant, sur les fleurs ;
Sans crainte, vois la vie,
Tes jours seront sans pleurs.

La nuit, avec mystère,
Vient d'éteindre le jour ;
Dors, bel enfant, ta mère
Veille sur son amour.
Ta tête a pour ombrage
L'olivier de la paix,
Et Dieu, sur ton jeune âge,
Répandra ses bienfaits.

Autour de ton enfance
Le monde s'est uni ;

Dors, dors enfant de France,
Le Seigneur t'a béni.
L'horizon se dévoile,
L'âge heureux va venir :
Au ciel brille l'étoile
De ton bel avenir.

Bercez, bercez,
Petits anges des cieux,
Bercez, bercez
L'enfant aux blonds cheveux.

25 juin 1856.

LA VIERGE PROTECTRICE

SONNET

A MA COUSINE ADÈLE.

Vierge Marie, en vous est l'espérance
Qui vient sourire à l'homme malheureux ;
De votre nom la divine influence
Vous fait chérir et nous rend vertueux.

Vous protégez de l'enfant l'innocence ;
Sur son berceau vous arrêtez vos yeux.
Aimer, bénir votre douce puissance
C'est le bonheur sur terre et dans les cieux.

Lorsque les flots grondent dans la tempête
Et que la foudre éclate sur sa tête,
Le matelot se recommande à vous.

D'un pur éclat votre vertu rayonne,
Et votre fils, qui punit ou pardonne,
Devient clément si vous priez pour nous.

L'ENFANCE.

A mon frère Marcel.

Les plaisirs innocents, délices de votre âge,
A peine près de vous, enfants, vont s'effacer ;
Jouissez des instants qui passent sans orage,
Hélas ! le temps bientôt viendra les disperser.

Qu'ils étaient beaux, les jours de mon heureuse enfance !
La coupe du bonheur sur eux se répandait ;
Mon cœur, loin des ennuis, ignorait la souffrance.
La foudre, autour de moi, sans m'effrayer grondait.

Ma mère, pour moi seule agitée, inquiète,
Tremblante me pressait dans ses bras tout le jour ;
Sur son sein protecteur je reposais ma tête ;
Mon cœur se nourrissait du feu de son amour.

De toutes les beautés je savourais l'essence,
Chaque jour dans mon cœur s'éteignaient mes désirs;
Pour parure j'avais ma robe d'innocence,
Et dans ses plis nombreux je trouvais mes plaisirs.
L
  es objets, sous mes yeux, s'entouraient de mystère;
Sans me les expliquer, j'aspirais à les voir,
Je m'ouvrais lentement à la grande lumière ;
Je riais le matin, je m'endormais le soir.

Ma mère, du Seigneur me chantait les louanges;
Sur mes lèvres sans cesse elle versait le miel ;
Je sommeillais tranquille, entouré par les anges,
Et j'étais sur la terre ainsi qu'ils sont au ciel.

Pour moi de doux parfums embaumaient la nature,
Dans les bosquets fleuris gazouillaient les oiseaux,
Les rayons du soleil jouaient dans la verdure,
Les pampres toujours verts s'enlaçaient en berceaux.

Exempte de tourments m'apparaissait la vie,
Mes yeux toujours charmés ne versaient pas de pleurs
L'avenir souriait à mon âme ravie :
Les chemins devant moi s'ouvraient semés de fleurs.

LA VIERGE DANS LE CIEL

SONNET

A MA COUSINE CÉLINIE.

Je chante la grandeur d'une sensible mère,
De la Vierge Marie, admirée en tous lieux,
Qu'avec humilité, chaque chrétien révère
Et que Jésus plaça sur le trône des cieux.

Près de son divin fils, dans des flots de lumière,
Apparaissent aux saints ses attraits glorieux.
C'est elle qui des cœurs écoute la prière,
Et nous obtient de Dieu les secours précieux.

Dans leurs joyeux concerts la douce voix des anges
Lui présente à toute heure un tribut de louanges
Que surent mériter ses sublimes vertus.

Son règne est plein de gloire et de magnificence,
L'homme dans la douleur cherche son assistance,
Espère le bonheur qu'elle donne aux élus.

UN ANGE

BALLADE

À mon Ami Alexis Martin.

Du ciel un jour on vit descendre
Un Ange envoyé du Seigneur,
Sa douce voix qu'il fit entendre
Disait : J'apporte le bonheur.
Un astre éclairait son visage,
Ses yeux respiraient la bonté,
Et l'on disait sur son passage :
Cet ange c'est la Charité.

Du monde il chassait la misère,
Le pauvre accourait près de lui ;
De l'orphelin c'était le père,
Du vieillard il était l'appui.
L'Erreur, en voyant son sourire,
Fuyait devant la Vérité,
Et chacun s'inclinait pour dire :
Cet ange c'est la Charité.

Près de lui marchait l'Espérance,
Qu'il donnait aux cœurs désolés ;

D'un signe il calmait la souffrance:
Les humains étaient consolés.
A l'âme qu'il rendait féconde
Il parlait de l'éternité
Et l'on disait par tout le monde :
Cet ange c'est la Charité.

LA JEUNE MÈRE.

Près de son fils une sensible mère
Heureuse et fière attendait son réveil,
Elle faisait pour lui cette prière
En surveillant son paisible sommeil :

Voyez, Seigneur, la charmante figure
De cet enfant que je reçus de vous,
Accordez-lui la paix si douce et pure
Qui peut donner le bonheur parmi nous.

Que votre main dirige sa jeunesse :
A chaque pas les écueils sont nombreux,
Le plus adroit, souvent manque d'adresse
En parcourant nos sentiers épineux.

Préservez-le de nos grandes misères ;
Sur son chemin faites naître des fleurs,

12

Qu'il n'ait jamais de boissons trop amères,
Et que ses yeux ne versent point de pleurs.

Qu'il ait toujours son aimable innocence,
L'âme sensible et le cœur bienfaisant ;
Et vous aussi, doux amis de l'enfance,
Anges des cieux, protégez mon enfant.

APRÈS L'ORAGE.

Enfants, séchez vos pleurs ;
Loin de nous fuit l'orage,
Dans nos jardins en fleurs,
Revenez sous l'ombrage.

Saluez le soleil ;
Son disque se colore,
Et son rayon vermeil,
Sèche l'épi qu'il dore.

Le papillon léger
Voltige, se repose ;
L'abeille, sans danger,
Vient caresser la rose.

Doux enfants, vous pleuriez
Lorsque grondait l'orage,
Et maintenant vous riez :
De nos jours c'est l'image.

Ainsi que l'arc-en-ciel
Qui paraît et s'efface,
Le bonheur, sous le ciel,
Brille un instant et passe.

Profitez des beaux jours
Que le Seigneur envoie,
Car la peine toujours
Vient remplacer la joie.

SOUVENIR

A Madame Caroline B...

J'ai rencontré des jours, des jours semés de fleurs ;
Le bonheur m'enivrait, j'étais heureux de vivre :
La main de l'amitié savait sécher mes pleurs,
Me tracer dans la vie un chemin doux à suivre.

Je trouvais des beautés pour reposer mes yeux ;
Votre bon cœur s'ouvrait à mon cœur qui soupire,
Et mon front, près de vous, n'était plus soucieux :
Vous m'accueilliez toujours avec un doux sourire.

Dans un regard content je trouvais mon plaisir.
Oublieux du présent, j'oubliais ma misère,
Mon cœur, vide aujourd'hui, n'avait plus un désir :
La coupe de ma vie était bien moins amère.

Sans penser au passé je vivais dans l'espoir ;
De rêves gracieux s'entourait ma jeunesse,
Je chantais le matin et je chantais le soir :
On jouit du bonheur qu'un instant l'on caresse.

L'ŒILLET.

L'œillet baissait le front
Au milieu du parterre ;
Qu'as-tu ? lui dit son frère.
Le triste œillet répond :
— Je souffre... A ma racine
Il est un ver rongeur
Qui dévore mon cœur
Et cause ma ruine.
Dès ce jour, en effet,
Se jaunissait l'œillet,
Dont la tige penchée
Expira desséchée.

L'œillet, c'est notre cœur
Flétri par la douleur.

ÉNIGMES.

I

Jusqu'à la mort sans cesse on me désire;
Avec amour l'homme m'ouvre ses bras;
Mais c'est en vain qu'à m'avoir il aspire,
Je suis partout, et je n'existe pas.

II

Je ne vois ni n'entends, je n'ai point de langage.
On me voit nu l'hiver et l'été bien paré;
La joie et la tristesse se partagent mon âge,
Mon manteau, sous *Phœbus*, est toujours désiré.

FIN DES POÉSIES ENFANTINES.

TABLE DES MATIÈRES.

---

www.ingramcontent.com/pod-product-compliance
Lightning Source LLC
Chambersburg PA
CBHW060029100426
42740CB00010B/1665